CHRISTIAN SCHWARZ-SCHILLING

UNSERE GESCHICHTE – SCHICKSAL ODER ZUFALL?

Wolfgang

mit besten Wünschen

von

Christian Schwarz-Schilling

30. 1. 92

Dieses Buch
widme ich meiner Frau
und meinen beiden Töchtern,
die in guten und in schlechten Tagen
zu mir gehalten haben.

CHRISTIAN SCHWARZ-SCHILLING

UNSERE GESCHICHTE – SCHICKSAL ODER ZUFALL?

Ausblick auf das 21. Jahrhundert

Wolfgang Clemens

Schriftenreihe OFFENE WORTE

SEIT 1789

Verlag E. S. Mittler & Sohn · Berlin · Bonn · Herford

6

Die Deutsche Bibliothek – CIP-Einheitsaufnahme

Schwarz-Schilling, Christian:
Unsere Geschichte – Schicksal oder Zufall? : Ausblick auf das
21. Jahrhundert / Christian Schwarz-Schilling. – Berlin ; Bonn
Herford : Mittler, 1993
(Schriftenreihe Offene Worte)
ISBN 3-8132-0424-3

ISBN 3 8132 0424 3

Schutzumschlaggestaltung: T. Flexen, Hamburg, unter Verwendung
eines Fotos von Thorsten Lang
Produktion: Heinz Kameier
Gesamtherstellung: Hans Kock Buch- und Offsetdruck GmbH, Bielefeld
Printed in Germany

Inhalt

Vorwort

Es war in den Sommerferien 1992, als ich mich daran machte, einem Vortrag, den ich am 27. März 1992 beim Dritten Unternehmergespräch in Frankfurt am Main hielt, auf Wunsch von Freiherr von Gleichen, dem Veranstalter des Abends, eine schriftliche Fassung zu geben. Das Thema lautete: »Geschichte ist kein Zufall – ein Ausblick auf das 21. Jahrhundert«. Beim Studium der Literatur und bei dem Versuch, meinem Vortrag eine schriftliche Fassung zu geben, wuchs das Manuskript Seite um Seite: Es wurde ein Buch.
Und ein Zweites geschah: Ich hörte in den gleichen Sommerferien von den Greueltaten in Bosnien und dem ungebremsten Eroberungszug der »Groß«-Serben. Als ich die ersten detachierten Reaktionen deutscher, europäischer und amerikanischer Politiker hörte, packte mich Entsetzen: Sieht denn keiner, daß dies in einer Katastrophe enden wird? Heute, genau vor einem Jahr, schrieb ich meine ersten beiden Briefe an den Bundeskanzler und den Bundesverteidigungsminister.
Inzwischen ist viel passiert. Das »Schicksal« – durch europäisch-amerikanische Abwesenheit nirgends gebändigt – nahm seinen voraussehbaren Lauf. Im Dezember 1992 zog ich voller Bitternis meine Konsequenz und schied aus der Bundesregierung aus. Mein Buch mußte um zwei weitere Kapitel ergänzt werden. Heute – nur ein Jahr später – ist die Lage in Europa ernster geworden.

Büdingen, im Oktober 1993 *Der Autor*

Einleitung
Was ist Geschichte?

Ich werde mich nicht darum bemühen, Prognosen für das Jahr 2010 oder etwa das ganze 21. Jahrhundert vorzutragen. Wer könnte das angesichts der letzten fünf Jahre noch wagen? Wenn wir uns einmal die Frage stellen, wie sah es vor fünf Jahren aus und wie hätte eine richtige Prognose für die nächsten fünf Jahre aussehen müssen, so glaube ich, niemand hätte eine realistische Prognose abgegeben. Ich möchte hier auch keine Gesetzmäßigkeiten aufstellen, nach denen sich unsere Geschichte zwangsläufig vollziehen wird; wo also schon heute feststeht, wohin die Geschichte läuft, ohne daß der Mensch als einzelner oder die Menschheit in ihrer Gesamtheit in der Lage wäre, in dieses Schicksalsrad überhaupt einzugreifen. Es ist noch gar nicht so lange her, wo man durchaus der Meinung war, daß sich Geschichte so abspielt, daß sie ein festes, unverrückbares Ziel hat, daß nur wenige Herren um dieses Ziel wissen und daher privilegiert sind, an diesem historischen Prozeß mitzuwirken. Geschichtsutopien und Prognosen haben bis vor kurzem noch große Konjunktur gehabt. Nach diesen letzten fünf Jahren, das kann man eindeutig feststellen, sind die Prognostiker recht still geworden. Goethe hat einmal zu Eckermann gesagt: »Das Höchste, wozu der Mensch gelangen kann, ist das Staunen.« Und ich glaube, die letzten fünf Jahre gaben uns allen Anlaß, wieder das Staunen zu lernen!

Ich möchte hier auch keine eigene Geschichtstherorie entwickeln, sondern möchte es lieber mit dem alten Leopold von Rankc halten, der zu dieser Frage folgendes gesagt hat: »Ohne Sprung, ohne neuen Anfang kann man aus dem Allgemeinen gar nicht in das Besondere gelangen. Das Real-Geistige, welches in ungeahnter Originalität Dir plötzlich vor Augen steht, läßt sich von keinem höheren Prinzip ableiten. Aus dem Besonderen kannst Du wohl bedachtsam und kühn zu dem Allgemeinen aufsteigen; aus der allgemeinen Theorie gibt es keinen Weg zur Anschauung des Besonderen.« Also eine klare Absage, das historische Einzelschicksal, das besondere, von einer allgemeinen Geschichtstheorie abzuleiten.

Statt solcher Deduktion hält es Ranke mit der induktiven Methode, in der Erkenntnis, daß man vom Besonderen zum Allgemeinen aufsteigen könne. Man könnte natürlich die Frage stellen, ist nun tatsächlich alles »Zufall«, wenn es keine »Gesetzmäßigkeiten« gibt in der Geschichte? Dann sind wir ja eigentlich voll der Willkür, dem Zufall, dem gänzlich Unvorhergesehenen ausgesetzt!? Auch da möchte ich wieder Ranke zitieren: »Nicht ein solch zufälliges Durcheinanderstürmen, Übereinanderherfallen, Nacheinanderfolgen der Staaten und Völker bietet die Weltgeschichte dar, wie es beim ersten Blick wohl aussieht. Auch ist die oft so zweifelhafte Förderung der Kultur nicht ihr einziger Inhalt. Es sind Kräfte, und zwar geistige, Leben hervorbringende, schöpferische Kräfte, selber Leben, es sind moralische Energien, die wir in ihrer Entwicklung erblicken. Zu definieren, unter Abstraktionen zu bringen, sind sie nicht; aber anschauen, wahrnehmen kann man sie; ein Mitgefühl ihres Daseins kann man sich erzeugen. Sie blühen auf, nehmen die Welt ein, treten heraus in dem mannigfaltigsten Ausdruck, bestreiten, beschränken, überwältigen einander; in ihrer Wechselwirkung und Aufeinanderfolge, in ihrem Leben und Vergehen, in ihrer Wiederbelebung, die dann immer größere Fülle, höhere Bedeutung, weiteren Umfang in sich schließt, liegt das Geheimnis der Weltgeschichte.«

Also »Anschauen« und »Wahrnehmen«! Das ist in der Tat ein bescheideneres Handwerk als das Verkünden ewiger Geschichtswahrheiten! Doch wer sich darauf einläßt, wird bald verblüfft feststellen: »Anschauen« und »Wahrnehmen« ist ein außerordentlich anstrengendes Handwerk – wo anfangen, wo aufhören, wo vom Detail zum Allgemeinen steigen, wie die zugrunde liegenden Strukturen aufspüren, die ein Bild, eine Epoche, eine Landschaft ausdrücken?! Goethe hat sich die Mühe gemacht, genau darüber nachzudenken, wie man als aufmerksamer Reisender Reisebeschreibungen fertigen soll und berichtet darüber in einem Brief vom 13. August 1797 an Schiller:

»Über den eigentlichen Zustand eines aufmerksamen Reisenden habe ich einige Erfahrungen gemacht und eingesehen, worin sehr oft der Fehler der Reisebeschreibungen liegt. Man mag sie stellen, wie man will, so sieht man auf der Reise die Sache nur von *einer Seite* und übereilt sich im Urteil; dagegen sieht man aber auch die Sache von dieser Seite lebhaft, und das Urteil ist im gewissen Sinne richtig. Ich habe mir daher Akten gemacht, worin ich alle Arten von öffentlichen Papieren, die mir eben jetzt begegnen, Zeitungen, Wochenblätter, Predigtauszüge, Verordnungen, Komödienzettel, Preiscourante, einheften lasse und sodann auch sowohl das, was ich sehe und bemerke, als auch mein augenblickliches Urteil einhefte; ich spreche sodann von diesen Dingen in Gesellschaft und bringe meine Meinung vor, da ich denn bald sehe, inwiefern ich gut unterrichtet bin, und inwiefern mein Urteil mit dem Urteil wohl unterrichteter Menschen übereintrifft. Ich nehme sodann die neue Erfahrung und Belehrung auch wieder zu den Akten, und so gibt es Materialien, die mir künftig als Geschichte des Äußeren und Inneren interessant genug bleiben müssen. Wenn ich bei meinen Vorkenntnissen und meiner Geistesgeübtheit Lust behalte, dieses Handwerk eine Weile fortzusetzen, so kann ich eine große Masse zusammenbringen.« Doch bereits drei Tage später, am 16. August 1797, stöhnte er in einem weiteren Brief an Schiller unter der Last dieses Handwerks: »... denn ich gestehe Ihnen, daß ich lieber grad nach Haus zurückgekehrt wäre, um aus meinem Innersten, Phantome jeder Art hervorzuarbeiten, als daß ich mich noch einmal, wie sonst (da mir das Aufzählen eines Einzelnen nun einmal nicht gegeben ist) mit der millionenfachen Hydra der Empirie herumgeschlagen hätte«. Schon zehn Jahre früher hatte Goethe in einem Brief an seinen Diener Philip Seidel vom 22. Dezember 1787 ernste Mahnung gegeben, an seine Beobachtungen nicht vorschnell eigene Urteile zu knüpfen: »Du bist auf einem guten Wege zu beobachten. Nur mußt Du Dich in acht nehmen, daß Du Deinen Folgerungen nicht zu viel Wert gebest. Ich will nicht sagen, daß Du keine Folgerungen machen müßtest, denn das ist die Natur der Seele. Nur mußt Du immer Deine Meinung geringer halten als Dein Auge.« Bei dieser Formulierung kommt mir der fatale Gedanke, welche Mahnung Goethe wohl heute so manchem Rundfunk- und Fernsehredakteur gegeben hätte, wenn er nur einige der Sendungen gehört oder gesehen hätte!

Doch zurück zu den »Kräften der Geschichte«. Ich möchte bei der Rankeschen Methode bleiben: »Zu definieren, unter Abstraktion zu bringen, sind sie nicht; aber anschauen, wahrnehmen kann man sie«. Und was immer an Wahrheiten oder Irrtümern herauskommen mag: Der Wahrheitsgrad liegt mehr an der Schwierigkeit der qualifizierten Bewältigung der Materie als an der Methode selbst. Trotz der Gefahren und Irrtümer, die ein solches Unterfangen immer zu Tage fördert, sollten wir doch nicht ablassen, den Versuch, Geschichte zu verstehen, immer wieder von neuem zu unternehmen.

Das 20. Jahrhundert das Jahrhundert der Superlative

Beginnen wir auf festerem Grund mit unserem 20. Jahrhundert, mit einigen herausragenden Ereignissen und knüpfen wir dann daran Betrachtungen zum 21. Jahrhundert. Zweifelsohne ist das 20. Jahrhundert ein Jahrhundert der Superlative. Es ist zwar so, daß sich die Welt immer »geändert« hat. »Panta rhei«, so sagte Heraklit: »alles fließt«. Aber es ist ein Unterschied im 20. Jahrhundert gegenüber allen Zeiten zuvor, nämlich: die Geschwindigkeit ist atemberaubend geworden! Es geht alles noch viel schneller, als es jemals früher gegangen ist.

1. Bevölkerungswachstum

Betrachten wir das Bevölkerungswachstum. Im Jahre 1900 waren 1 1/2 Milliarden auf dieser Erde, im Jahre 2000 werden es zwischen 6 und 7 Milliarden sein! Im Jahre 1650 hatten wir 500 Millionen; bis 1825, also 175 Jahre später, wuchs die Menschheit »nur« um weitere 500 Millionen und erreichte eine Milliarde. Mit welcher Geschwindigkeit hat sich dagegen das Bevölkerungswachstum im 20. Jahrhundert entwickelt! Obwohl die Industrieländer feste dagegengehalten haben durch niedrige Geburtenraten – es hat nichts genützt. Und das komische Ergebnis ist jetzt, daß die Industrieländer mehr Geburten bräuchten, um ihr eigenes Überleben der Zahl nach sicherzustellen, währenddesssen die Entwicklungsländer zu viele Geburten produzieren und weniger bräuchten, um ihre Existenz sicherzustellen. Also, es ist nicht nur eine Sache, die jetzt alle Menschen gleichmäßig betrifft, sondern sehr unterschiedlich. Die einen haben zuwenig, die anderen haben zuviel, und trotzdem haben wir insgesamt alle zuviel. Wir Deutschen sind da ja besonders gründlich: seit 30 Jahren haben wir unsere Geburtenrate weit mehr als halbiert – dafür haben wir die Scheidungsraten verdoppelt und die Produktion von Akademikern mehr als verzehnfacht. Zu was diese Entwicklung, wenn sie so weitergeht, im 21. Jahrhundert führen wird, das wage ich jedenfalls nicht zu prognostizieren. Nur, eins ist klar: wenn es in etwa so bliebe, wird das 21. Jahrhundert ein Jahrhundert von großen Wanderungsbewegungen werden, wie wir sie einmal zur Völkerwanderungszeit, Anfang des 1. Jahrtausends, hatten. Das ergibt sich zwangsläufig aus den Konstellationen, wie sie sich heute abzeichnen.

2. Gesellschaftlicher Strukturwandel

Schauen wir uns einen zweiten Bereich an: den des Wandels in den Berufen der Menschen. In der Landwirtschaft beschäftigten sich früher 75 bis 90 % der Menschen, in den Industrieländern liegt der Prozentsatz heute unter 5 %. Die Industrieproduktion ist jetzt gerade in den Industrieländern auf 20 bis 30 % zurückgegangen, dafür sind die Dienstleistungen auf 50 bis 70 % gestiegen. Das Fazit ist zunächst völlig verrückt: wir haben eine gewaltige Überproduktion in der Landwirtschaft, insbesondere in den Industrieländern, obwohl sich nur 5 % oder weniger Menschen mit landwirtschaftlicher Produktion beschäftigen. Wir haben Hungersnöte in den Entwicklungsländern, wo sich 70 bis 90 % mit der Produktion von landwirtschaftlichen Gütern beschäftigen. Und in den postindustriellen Gesellschaften, also dort, wo mehr und mehr Menschen in den Dienstleistungen beschäftigt werden, wird der Service im zwischenmenschlichen Bereich immer schwieriger: Gepäckträger am Bahnhof oder am Flughafen, Hilfen im Haus, beim Einkaufen, beim Reparieren, bei der Pflege – alles wird schwieriger, die Qualität der Dienstleistungen in diesen einfachen Grundbedürfnissen wird gerade in den sogenannten »Dienstleistungsgesellschaften« immer fragwürdiger. Nun, auch aus diesem Grund werden wir sicherlich große Wanderungsbewegungen bekommen: Wir können es in der Bundesrepublik gut beobachten, daß bestimmte Berufe nur noch von Ausländern ausgeübt werden.

3. Naturwissenschaft und Technik

Wenden wir uns einem dritten, für unsere modere Entwicklung höchst bedeutsamen Bereich zu: Naturwissenschaft und Technik.

a) Makrokosmos

Wollen wir zuerst einmal in den Makrokosmos blicken. Da haben wir über 1500 Jahre das Weltbild des Ptolemäus gehabt, bis wir dann zu Kopernikus gekommen sind, und dann alsbald die Planetengesetze der Mechanik bei Kepler und Newton erfahren haben. Diesen 1500 Jahren werden seit dreihundert Jahren in immer dichterer Folge von Naturwissenschaftlern und Astronomen immer neue Entdeckungen und Weltbilder hinzugefügt. Wenn Sie Heisenberg und Einstein betrachten, dann hat das Zeitalter der Newtonschen Mechanik oder der Planeten von Kepler eine gewaltige Veränderung erfahren: es ist Schluß mit dem absoluten Determinismus, wir kennen heute die Quantensprünge, spontane Molekularbewegungen,

Mutationen und Relativitätstheorie, neue Theorien der Evolution und der Entstehung des Kosmos. In immer weniger Jahren wachsen uns immer mehr Erkenntnisse zu. Wenn wir alleine an die Dimensionen denken, die sich uns in den letzten Jahren im Weltraum eröffnet haben, dann ist das eine Revolution von Raum und Zeit: die Erde, eine Kugel mit einem Umfang von 40 000 Kilometern, ist einer der Planeten der Sonne, die sie in 150 Millionen Kilometern, das sind 8 Lichtminuten entfernt, umkreist. In unserem lokalen Sternensystem, der Milchstraße, einer relativ flachen Scheibe mit einem Größendurchmesser von 40 000 Lichtjahren gibt es wenigstens 1 Millarde Galaxien, das heißt der Milchstraße vergleichbare Sternansammlungen. Man darf also, bei einer entsprechenden Multiplikation, mit 100 Milliarden Sonnen in dieser Milliarde Galaxien als selbstleuchtenden Sternen rechnen, wobei wir heute wissen, daß der Anteil der nichtleuchtenden Sterne, der diffus verteilten Massen, größer ist als die Masse der Sterne. Das sind die Dimensionen, mit denen wir heute im Weltall zu denken haben. Daß wir es nur noch errechnen, aber uns nicht mehr vorstellen können, ist zwar traurig, aber nicht zu ändern. Faszinierend ist es dennoch, daß wir heute ziemlich exakt durch unsere Beobachtungen und durch unsere Vernunft wissen, daß es eben dieses Unvorstellbare gibt, daß es nicht nur eine Phantasie ist, sondern daß es da ist, aber für uns in Raum und Zeit nicht vorstellbar. Welch eine Änderung zum ptolemäischen Weltbild, wo sich alles um uns gedreht hat! Bei diesen Milliarden von Sternen wird es kaum auffallen, wenn unsere Sonne und wir eines Tages verschwinden! Und ein ganz entfernter Beobachter wird unsere Sonne noch Millionen Jahre länger sehen, weil das Licht so lange braucht, bis es den fernen Beobachter erreicht, selbst wenn die Quelle dieses Lichts, unsere Sonne, schon Jahrmillionen erloschen ist.

b) Mikrokosmos

Im Mikrokosmos haben wir einen richtigen Quantensprung an Erkenntnissen über den atomaren Aufbau der Materie gemacht, und jeden Tag bekommen wir neue Erkenntnisse dazu, in der Physik, Chemie, der Molekularbiologie, der Neurologie. Gerade die neuesten Erkenntnisse aus dem Bereich der Hirnforschung zeigen, daß der Mensch wesentlich mehr ist als ein superschneller Computer. Der Schlüssel zu all seinen vielfältigen Verhaltensweisen liegt hinter seiner Stirn, einem grauweißen Klumpen aus Eiweiß, Kohlehydrat und Fett. Neun Monate lang bilden sich Sekunde für Sekunde 4000 Nervenzellen im Kopf eines menschlichen Fötus. Jede Sekunde 4000 Nervenzellen werden neun Monate lang aufgebaut! Und bei der Geburt des Säuglings haben sich schließlich unter der Schädeldecke 1000 Millarden Zellen zu einem Knäuel zusammengeschlossen. Im Laufe des Menschenlebens wächst dann das Gewicht dieses Steuerorgans auf das 4fache an, doch nach der Geburt werden keine weiteren Zellen gebildet. Stattdessen verdrahten sie sich untereinander. Das Phänomen des Gedächtnisses ist im »chemischen Smalltalk« an den Synapsen verborgen. Es ist schon besonders beeindruckend zu erfahren, daß rund ein Drittel aller Gene für Hirnfunktionen benötigt werden. Allein tausend verschiedene Geruchsrezeptoren sind mittlerweile bekannt. Beim Sehen werden fünfzig Millionen Bit pro Sekunde vom Auge aufgenommen, um diese Informationen dann zur Verarbeitung ins Gehirn weiterzuleiten. Beim Gehör sind es 40 000 Bit pro Sekunde. Für Lesen und Hören von sinnvollen Sätzen benötigt unser »Steuerorgan« nur 45 Bit pro Sekunde. Das Gehirn und seine Funktionen sind also nicht so einfach, wie man sich das früher einmal vorstellte. Bewußtsein beispielsweise ist nicht an einer bestimmten Stelle im Hirn verborgen. Ein Forscher drückte es einmal

so aus: »Wer das Denken verstehen oder das Bewußtsein finden will, muß nach dem Kitt suchen, der Sehen und Riechen, Erinnern und Fühlen, Handeln und Entscheiden zusammenhält.« Das Hirn besteht nicht nur aus Einzelkammern, in denen Geräusche, Licht, Sprache und Gefühle verarbeitet werden. Die Verbindung dieser Kammern läßt im Kopf ein Gesamtbild der Welt, Gedanken und Bewußtsein entstehen. Längst ehe ein Wort das Trommelfell erreicht hat, hat das Hirn schon Vermutungen angestellt, wie der begonnene Satz zu Ende gehen könnte. Unser Nervensystem funktioniert wie ein digitales Telefonsystem: Die auslösende Stelle kodiert die Botschaft, die entweder ein Ziel im Körper oder gleichzeitig viele Ziele oder sogar eine riesige Zahl von Zielen ansteuert und zwar genauso wie unsere digitale Übertragungstechnik nach dem System Null und Eins. Und am Zielpunkt wird die Botschaft entschlüsselt. Und dies im Bruchteil von Sekunden in millionenfacher Folge. Es gibt also im Nervensystem unseres Körpers das gleiche Kommunikationssystem wie das, was wir im 19. und 20. Jahrhundert in der Außenwelt entwickelt haben: die »Point-to-point-Kommunikation« und die »Point-to-multipoint-Kommunikation«. Und jetzt integrieren wir auch die verschiedenen Sondernetze der Verteilkommunikation und Individualkommunikation zum »Integrated services digital network« (ISDN), wie es in unserem Körper längst geschehen ist. Und in unserem Körper werden exakt die richtigen Kontaktstellen angesteuert, und durch die Codierung kennt nur die Zielstelle den Inhalt der Botschaft, nur sie kann decodieren und entschlüsseln. Einen perfekteren Datenschutz, wie er in unserem Körper aufgebaut ist, läßt sich gar nicht denken! Und das auch noch ohne Gebühren, das ist schon eine Leistung!
Die neunziger Jahre wurden von der Wissenschaft zum Jahrzehnt des Gehirns erklärt – und in der Tat, da steht uns im 21. Jahrhundert noch einiges bevor. In einem Gehirn sind Wis-

sen und Lernen subtil miteinander verbunden, im genetischen Bauplan des Gehirns ist das Wissen von Millionen Jahren Evolution gespeichert. Durch 80 Jahre im durchschnittlichen Leben verfeinert dann der einzelne Mensch diesen Bauplan, indem er hinzulernt und Erfahrungen sammelt. Ohne das Vorwissen der Gene bekäme der Mensch keine Struktur und keine Orientierung in dieser Flut von Daten, die jeder Mensch in jeder Sekunde oder tausendstel Sekunde in seinem Hirn kommuniziert.

Diese neuen Erkenntnisse über Zusammenspiel und Vernetzung unseres Gehirns und unseres Körpers zeigen uns auch sehr deutlich, welche Ähnlichkeiten es hier zwischen Mikrokosmos und Makrokosmos gibt. Wobei mehr und mehr gleichartige Gesetze erkannt werden. So können auch viele Entdeckungen innerhalb einer Detailforschung, bei der untersucht wird, welche Wirkungen eine bestimmte Ursache auf einer völlig anderen Ebene als urspünglich erwartet auslöst, dazu beitragen, den Gesamtzusammenhang unseres Kosmos verständlicher zu machen. Mit Sicherheit wird dies eine der faszinierendsten Fragen der Zukunft sein.

c) Kommunikation

Es ist hochinteressant festzustellen, daß wir die gleichen Strukturen im Mikro- und Makrokosmos völlig unabhängig voneinander zur gleichen Zeit entdecken; und daß wir Menschen unsere zwischenmenschlichen Kommunikationstechniken zur gleichen Zeit in die gleiche Richtung weiterentwickeln und die gleichen Strukturprinzipien – z.B. die Digitaltechnik – benutzen, ohne daß sich etwa die Elektrotechniker viel um die Ergebnisse der mikrobiologischen Forschungen gekümmert hätten.

Gerade die Geschichte der Kommunikationstechniken zeigt noch viel komplexere Zusammenhänge zwischen dem Fortschritt von Kommunikationstechniken und der Entwicklung der menschlichen Gesellschaft, ihrer politischen Organisation und ihrem kulturellen Reichtum. Ohne zwischenmenschliche Kommunikation hätte der Mensch nicht überleben können. Mit der Veränderung und der Anpassung seiner Lebensform haben sich auch Kommunikationsformen und insbesondere die Kommunikationsmittel stetig verändert.
In den kleinen Gruppen der Urgesellschaft lebte der Mensch in einem eng begrenzten Beziehungskreis. Sprache, einfache Zeichen und Bilder als Kommunikationsmittel, das reichte völlig aus. Aber dann kam die erste große Erfindung: Und das war die Schrift. Sie entstand ziemlich gleichzeitig in China, in Ägypten, im Vorderen Orient. Und wir können feststellen: alle Völker, die an dieser Erfindung teilgenommen haben, indem sie eine Schrift erfunden oder von anderen übernommen haben, sind den Weg der Hochkulturen gegangen; alle Völker, die diese Entwicklung nicht genutzt haben, sind in unseren Augen Naturvölker geblieben. Das heißt, eine historische Weichenstellung ersten Ranges hat sich damals abgespielt. Und zwar nicht nur in der horizontalen Kommunikation der gleichzeitig lebenden Menschen miteinander, sondern auch in der vertikalen Kommunikation der Generationen; weil eben diejenigen, die die Schrift kannten, ihre Gedanken aufschreiben und Dokumente erstellen konnten, und spätere Generationen wiederum in der Lage waren zu erfahren, was ihre Vorgänger dachten. Diese Möglichkeiten eröffneten den Menschen den Weg zu den Hochkulturen des Altertums.

Die nächste große Erfindung nach diesem Schub, der unsere ganze Entwicklung vom Altertum bis ins Hochmittelalter beflügelt hatte, war die Erfindung des Buchdrucks – auch hier wieder eine neue Erfindung der Kommunikation. Trotz oder vielleicht gerade deshalb, weil es eine sehr folgenreiche Erfindung war, war die Erfindung des Buchdrucks außerordentlich umstritten; die Kirchen sagten, daß es des Teufels sei, wenn man damit massenhaft böse Gedanken verbreiten könne. Erst als die Bibel das meistgedruckte Buch war, konnte sie sich damit versöhnen. Und es gab Gelehrte und Intellektuelle, die fragten, warum überhaupt solche Erfindung von Nutzen sei, wo doch nur drei Prozent der Menschen Lesen und Schreiben beherrschten. Nun, diese »Gutachter« haben sich gewaltig geirrt, wie auch viele Gutachter, die nach ihnen gekommen sind. Der Buchdruck hat eine Alphabetisierung und im Gefolge davon in den folgenden Jahrhunderten eine Bildungsrevolution von noch nie gekanntem Ausmaß ausgelöst. Gutenbergs Erfindung ist letztendlich dafür verantwortlich, daß die Geschichte der Menschheit in den folgenden Jahrhunderten von großen wissenschaftlichen, technischen aber auch politischen und sozialen Fortschritten geprägt worden ist. Die Diskussion der Gelehrten in Kirche und Universität, welche theoretisch auch das Volk umfaßte – man denke an den Gedanken der Volkssouveränität oder der Demokratie –, blieb früher eher Theorie und Diskussionsstoff für die gelehrte Welt. Erst als durch Buchdruck solche Gedanken massenweise unters Volk kamen, konnten sie auch geschichtswirksam werden.

Als immer mehr Menschen ein Schriftstück, ein Pamphlet lesen konnten, da wurde auch der Kampf um die Meinungsfreiheit virulent. Daraus folgte die Frage nach der Pressefreiheit, die die Gemüter sehr bald heftigst bewegte.
Die Entwicklung zum Rechts- und Verfassungsstaat, die in England seit der Magna Charta in Gang gekommen ist, hat sich seit dieser Zeit auch auf dem Kontinent ausgebreitet und

führte zu einer allgemeinen demokratischen Revolution der menschlichen Gesellschaft. Das Ständeparlament wurde durch die Französische Revolution zum Bürgerparlament. So ist die Entwicklung von Wissenschaft und Technik, von der Befreiung des Menschen von autoritären Institutionen zum Bürger im demokratischen Verfassungsstaat, ohne die Kommunikationsmöglichkeit, die der Buchdruck den Menschen beschert hat, nicht vorstellbar.

Im 20. Jahrhundert haben wir nun mit der elektronischen Kommunikation die dritte Revolution der menschlichen Kommunikation. Die technologische Revolution im Bereich der Mikroelektronik in der zweiten Hälfte dieses Jahrhunderts hat unglaubliche Fortschritte in der Hard- und Software ermöglicht und eine Fülle neuer Dienstleistungen und intelligenter Produkte hervorgebracht. Ein Schweizer Informatiker hat einmal, um den damit verbundenen technischen Fortschritt zu veranschaulichen, die Entwicklung aus dem Bereich der Mikroelektronik auf den Automobilbau übertragen und folgendes festgestellt: Wenn wir im Automobilbau die gleiche Entwicklung hätten, wie sie in den letzten 25 Jahren in der Mikroelektronik stattgefunden hat, dann dürfte heute ein Mittelklassewagen nur noch zehn Mark kosten, er müßte eine Geschwindigkeit von 10 000 Kilometer pro Stunde fahren, könnte 5000 Personen auf einmal befördern und bräuchte nur 0,5 Liter Benzin pro 1000 Kilometer. Das zeigt anschaulich, was sich auf diesem Gebiet abgespielt hat! Diese Revolution hat bereits jetzt einen gewaltigen Innovationsschub im Bereich intelligenter Produkte und Dienstleistungen gebracht.

Dieser Schub ist noch in vollem Gange und er wird unsere ganze Gesellschaft verändern. Wir werden selbständigere,

dezentralisiertere Strukturen erhalten, die Informationen kommen direkt zum Arbeitsplatz und die einzelnen intelligenten Terminals werden miteinander vernetzt.
Ein Aufbrechen der Kapazitätsbegrenzungen auf den elektronischen Transportstraßen wurde durch die technischen Erfindungen der Übertragung über Glasfasernetze und Satelliten noch rechtzeitig erfunden. So ist die Optimierung der Telekommunikation, also der Nervenstränge der menschlichen Gesellschaft in vollem Gange und zeigt frappierende Ähnlichkeiten mit den ebenfalls gerade entdeckten Funktionszusammenhängen der Steuerorgane und Steuerstränge in unserem menschlichen Körper. Gegenüber der Erfindung des Buchdrucks ist diese dritte Kommunikationsrevolution unendlich viel komplexer. Wahrscheinlich ist deswegen auch ein mindestens so großer Zivilsations- und Kulturschub in den nächsten Jahrzehnten zu erwarten, der mit den jeweiligen Kommunikationserfindungen – historisch nachweisbar – immer einhergegangen ist. So können wir also auch hier feststellen, die Auswirkungen auf das 21. Jahrhundert durch diese Entwicklungen des 20. Jahrhunderts lassen entsprechende Schlüsse als sehr wahrscheinlich gelten. Schon in diesem Jahrhundert werden sich eindeutig gewisse Auswirkungen zeigen lassen; nicht von ungefähr wird das postindustrielle Zeitalter gern als »Informationszeitalter« gekennzeichnet.
Eine Komprimierung historischer Abläufe durch die Dichte der Information und Kommunikation haben wir gerade in den letzten fünf Jahren gesehen. Die »Stille Revolution« in der damaligen DDR und der Zusammenbruch des Sowjetischen Reiches sind in dieser Geschwindigkeit nur durch Massenmobilisierung und diese wiederum nur durch moderne Kommunikation überhaupt erklärbar. Fernsehen, Radio, Individualkommunikation, Vermittlungszentralen waren das Nervenzentrum auch aller Gegenkräfte gegen die staatliche Allmacht; insbe-

sondere durch die entsprechenden zeitgleichen Informationen, die hin- und hergelaufen sind und die immer mehr Aktionen einer sich immer mehr vergrößernden Anzahl von Bürgern ausgelöst haben, ist plötzlich eine Geschwindigkeit historischer Abläufe entstanden, wie sie früher niemals möglich gewesen ist.

Und noch eines ist anzumerken: Die früheren Voraussagen, daß diese Kommunikationstechniken politisch ganz schlimme Entwicklungen in Gang setzen, also »Orwell 1984«, haben sich als großer Irrtum erwiesen. Es hat sich herausgestellt, daß nicht dort der »große Bruder« erscheint, wo es besonders viel Technik gibt: Er kann sich nur dort über Wasser halten, wo er erfolgreich verhindert hat, daß der Normalbürger moderne technische Entwicklungen selber nutzen kann. Deswegen wurden eben dort keine Telefonanschlüsse eingerichtet, keine Leitungen gelegt, keine technischen Möglichkeiten geschaffen, um Verbindung mit dem Ausland zu haben: weil man berechtigterweise Angst hatte, wenn die normalen Bürger untereinander und mit den Menschen des Auslands kommunizieren, dann ist es mit der diktatorischen Herrschaft des Staates schnell am Ende. Und das ist genau das Gegenteil von dem, was Orwell prophezeit hat. Natürlich gibt es auch Risiken und Gefahren der technischen Entwicklung. Aber sie liegen in einer Demokratie viel eher im Bereich des Mißbrauchs individueller und kollektiver Freiheiten, welche die Technik den Menschen beschert hat: z.B. ungezähmte Sex-and-Crime-Darstellungen im Fernsehen, individuelle Belästigung am Telefon oder Telefax oder die praktisch unkontrollierbare Macht des einzelnen Fernsehredakteurs über den Gegenstand seiner Berichterstattung und den Einfluß auf das Publikum. Hier stoßen wir schnell auf die schwierigen Fragen der Aufstellung und Einhaltung ethischer Standards, des Wertewandels und pädagogische Problemstellungen. Erstaunlich ist nur, wie langsam in der politischen Diskussion der Bewußtseinswandel über politische Realitäten vonstatten geht. Während die Kriminellen alle technischen Möglichkeiten nutzen, wird der Staat bei der Verbrechensbekämpfung eher daran gehindert. Der gesetzlich geregelte Einsatz der Telefonüberwachung potentieller Verbrecherkreise wird als »Großer Lauschangriff« des Staates bezeichnet – man beachte die Wortwahl! Oder manche Datenschutzregelung, die aus Verdächtigung gegenüber dem Staat so kompliziert ausfällt, daß der Datenverursacher kaum an seine eigenen Daten herankommt, vergleiche die Prozedur der spezifizierten Telefonabrechnung. Während der demokratische Staat in der Realität eher Gefahr läuft, unter der Last individuell-kollektiver Überforderungen und mißbräuchlicher Ausbeutung zusammenzubrechen, sitzt die Mehrheit der Politiker noch in den Schützengräben von gestern und will den Bürger vor dem totalitären Zugriff des Staates schützen – als lebten wir noch immer in einer Diktatur.

Ich stelle also fest: In diesem 20. Jahrhundert haben sich Entwicklungsprozesse in Politik, Gesellschaft, Wissenschaft und Technik abgespielt, die historisch ohne Beispiel sind; weder in der Quantität, noch in der Qualität und dazu noch in rasender Geschwindigkeit. »Panta rhei« – »alles fließt« hat es immer gegeben. Aber eine neue Dimension ist durch die Geschwindigkeit der Kommunikationsabläufe entstanden, die in unvorhersehbarer Weise die Entwicklung der 2. Hälfte des 20. Jahrhunderts geprägt hat und die in ebenso unvorhersehbarer Weise auf den Gang des 21. Jahrhunderts einwirken wird. Insofern kommt mit unserer Epoche ein neues Momentum in die Geschichtsabläufe, das in allen früheren Epochen der Geschichte unbekannt war.

Technischer Fortschritt, kulturelle Errungenschaften und Ethik

Wenn die Geschwindigkeit der gesellschaftlichen Prozesse, ausgelöst insbesondere durch unsere technische Revolution, sich in dieser Weise fortsetzt – und die gleiche Geschwindigkeit wird wohl, wenn nicht alles trügt, in den nächsten Jahrzehnten beibehalten –, dann stoßen wir in der Tat auf ein Problem: Wenn die Mehrzahl der Menschen nicht über das entwickelte geistige Fassungsvermögen verfügt, um Wissenschaft und Technik unserer Tage zu verstehen und sich beides, d. h. Wissenschaft und Technik, sowie das menschliche Begreifen dieser Entwicklung mit zunehmender Geschwindigkeit voneinander entfernt, dann sind Entscheidungsprozesse rational immer weniger steuerbar. Und das ist der Ausgangspunkt von Angst und zunehmender Irrationalität, wo immer verantwortliche Entscheidungen gefordert werden. Diese wachsende Irrationalität ist leider im politischen Meinungskampf als leicht mobilisierbare Stimmungsbewegung entdeckt worden und wird unter dem Deckmantel einer neuen Ethik gröblichst mißbraucht. Man denke nur an die Exzesse um den Frankfurter Flughafen, an die Antikernkraftbewegungen in Deutschland oder Österreich und die Ausstiegsbemühungen rot-grüner Landesregierungen in Deutschland. Dabei kann jeder sehr gut an den Fakten nachvollziehen, daß die reine Gesinnungsethik, welche die Fakten und die Folgen der Verweigerungshaltung nicht zur Kenntnis nehmen will, sehr oft weniger Sicherheit produziert und damit politisch zur Heuchelei wird. In Österreich haben es die Kernkraftgegner fertiggebracht, daß

eines der modernsten, nach dem neuesten Sicherheitsstand gebauten Kernkraftwerke nicht in Betrieb gehen konnte; stattdessen wird nun der Strom aus der Ukraine bezogen. In der Ukraine sind Kraftwerke in Betrieb, wo wir alle nur den Atem anhalten können, daß nichts passiert.
So sorgt eine Antikernkraftbewegung letztlich dafür, daß sicherheitstechnisch höchst fragwürdige Kernkraftwerke weiter in Betrieb bleiben, während die sichereren, moderneren Kernkraftwerke stillgelegt oder erst gar nicht in Betrieb genommen worden sind. In Deutschland kann man ähnliche Beispiele finden. Ist so etwas rational oder ethisch zu vertreten?

Das gleiche geschieht mit dem Müll. Da nach den einmal festgeklopften Dogmen der Grünen keine Müllverbrennungsanlagen gebaut werden dürfen, wird der Müll mit riesigen Kosten exportiert – und dann dort bestenfalls verbrannt oder in zweifelhaften Deponien gelagert. Die Folgen solcher reinen »Gesinnungs«-Entscheidungen sind jedenfalls unvertretbar und kontraproduktiv und haben mit dem angestrebten Ziel eines weltweiten Umweltschutzes nichts zu tun. Politisch führen sie zur Heuchelei.

So etwas entspricht in jedem Falle nicht dem Prinzip »Verantwortung«, von dem Hans Jonas spricht. Durch solche Handlungen werden nur Scheinsicherheiten produziert, die der Wirklichkeit nicht standhalten. Das ist gerade heute besonders problematisch, da keine frühere Ethik auch nur annähernd eine so globale Bedingung menschlichen Lebens für die jetzt Lebenden und für die künftigen Generationen zu berücksichtigen hatte. Kants kategorischer Imperativ sagte: »Handle so, daß du auch wollen kannst, daß deine Maxime allgemeines Gesetz werde.« Das war aber damals abgestimmt auf die

Handlungen der einzelnen Person in seiner Gegenwart. Wirkungen in die Zukunft waren nur sehr begrenzt einzubeziehen. Ein neuer Imperativ, der auf den neuen Typ menschlichen Handels paßt, würde nach Hans Jonas etwa so lauten: »Handle so, daß die Wirkungen deiner Handlungen verträglich sind mit der Permanenz echten menschlichen Lebens auf dieser Erde.« Oder: »Schließe in deine gegenwärtige Wahl die künftige Integrität des Menschen als Mitgegenstand deines Wollens ein.« Dies würde dem Kantschen Imperativ den Zeithorizont hinzufügen und ihn über die Augenblicksoperation hinaus erweitern.
Viele Dinge, die jetzt nötig sind, die auch zur Änderung unserer Lebensgewohnheit führen müssen, waren früher durch die Religion gestützt, die ja selbst eine Tendenz zu einer asketischeren Lebensweise hat. Heute sind wir zu einer ganz ungehemmten »Selbstbefriedigungsmoralität« gekommen, die allgemein akzeptiert wird und gegen die kaum Einwände erhoben werden. Nach Jonas liegt unsere einzige Chance, die Freiheit zu erhalten darin, darauf hinzuarbeiten, daß von seiten der Sitte, der moralischen Erziehung und von seiten der Gesetzgebung gewisse Schranken errichtet werden, die es möglich machen, daß wir uns der wesentlichen Freiheiten auch weiter erfreuen können, ohne damit die Existenz des Ganzen aufs Spiel zu setzen. Und er drückt es dann wörtlich aus: »Auch Ehrfurcht und Schaudern sind wieder zu erlernen, daß sie uns vor Irrwegen unserer Macht schützen ... die Ehrfurcht für das, was der Mensch war und ist, aus dem Zurückschaudern vor dem, was er werden könnte und uns als diese Möglichkeit aus der vorgedachten Zukunft anstarrt. Die Ehrfurcht allein, indem sie uns ein ›Heiliges‹, d. h. unter keinen Umständen zu Verletzendes enthüllt, wird uns auch davor schützen, um der Zukunft willen die Gegenwart zu schänden, jene um den Preis dieser kaufen zu wollen.« Ähnliche Gedan-

ken äußert Neil Postman in seinem neuen Buch »Das Technopol – die Macht der Technologien und die Entmündigung der Gesellschaft«, wo er auf die große Bedeutung einer ethisch begründeten Renaissance der Erziehung hinweist, um die Freiheit, die sich die Menschen erkämpft haben, auf Verantwortung zu gründen: »Die moderne Erziehung scheitert nicht deshalb, weil sie nicht lehrt, wer Ginger Rogers, Norman Mailer und tausend andere Leute waren, sondern weil sie kein moralisches, soziales oder intellektuelles Zentrum besitzt. Das Curriculum von heute ist im Grunde genommen überhaupt kein Studien-»Gang«, sondern nur ein sinnloses Durcheinander von Fächern oder Themen. Natürlich dürfen wir die Fähigkeit zum Schub, Kohärenz zu vermitteln, angesichts einer Kultur, aus der fast alle Kohärenz verschwunden scheint, nicht überschätzen. In unserer technisierten, gegenwartsbezogenen Informationsumwelt ist es nicht leicht, ein Grundprinzip für die Bildung zu finden, und noch schwerer ist es, ein solches Prinzip anderen überzeugend zu vermitteln.«

Neil Postman fordert daher, daß wir die Gegenwart mit der Vergangenheit verbinden müssen, daß wir in jedem Fall den »Aufstieg der Menschheit« nachzeichnen müssen, um daraus gleichsam das Gerüst für neue Curricula zu machen. »In der Schule über das Atom sprechen, ohne Demokrit zu erwähnen, über politische Wissenschaft, ohne Aristoteles oder Machiavelli zu erwähnen, über Musik, ohne Haydn zu erwähnen, heißt, den Schülern den Zugang zum »Großen Gespräch« verwehren. Es heißt, ihnen das Wissen von ihrer Herkunft verweigern, ein Wissen, um das sich zur Zeit keine andere gesellschaftliche Institution kümmert. Denn von der eigenen Herkunft wissen, bedeutet nicht nur, daß man weiß, woher der eigene Großvater stammt und was er in seinem Leben ertragen mußte. Es bedeutet auch, daß man weiß, woher die eigenen Ideen stammen und wie es kommt, daß man von ihnen überzeugt ist; daß man weiß, woher die eigenen moralischen und ästhetischen Empfindungen stammen. Es bedeutet, daß man weiß, woher die eigene Welt und nicht nur die eigene Familie stammt... Ich will damit sagen, daß die Geschichte der verschiedenen Fächer Zusammenhänge aufschließt; sie lehrt, daß die Welt nicht an jedem Tag neu geschaffen wird und daß jeder auf den Schultern eines anderen steht«.

Zu diesem geschichtsphilosophisch interessanten Versuch von Neil Postman, eine Renaissance unserer moralisch-ethischen Grundlagen durch eine entsprechend orientierte Wissensvermittlung auf den Weg zu bringen – den ich grundsätzlich lebhaft unterstütze – möchte ich zwei Aspekte hinzufügen: Leider ist die Menschheitsgeschichte nicht eine durchweg aufsteigende; die historische Erfahrung zeigt uns, daß die Menschen bei bestimmten Konstellationen von einer bereits erreichten Höhe der Kultur in schlimmste Barbarei zurückfallen können.

Also ist es genauso wichtig, das Wissen darüber zu vermitteln, welche Konstellationen das sind und wie man sie möglichst vermeiden kann, ja welche Anstrengungen in jeder Generation erforderlich sind, um solche Katastrophen zu verhindern. Der große Völkerrechtslehrer Hugo Grotius (1583 bis 1645) formulierte diese Erkenntnis sehr treffend: »Omnibus viribus huic saeculo in peius ruenti sese opponere – wir müssen uns ständig mit allen Kräften dem Drange dieser Welt entgegenstellen, ins Schlimmere abzugleiten.« Der »Aufstieg der Menschheit« ist also kein Naturgesetz, sondern die Summe der Anstrengungen jeder Generation, die sich in jeder Epoche neu bewähren muß. Wissenschaft und Technik lassen sich noch relativ problemlos tradieren – aber das Wertgefüge einer Kultur ist ungeheuer zerbrechlich und kann beim Übergang von einer zur anderen Generation bis zur Unkenntlichkeit verstümmelt werden. Hans Jonas spricht von der Notwendigkeit von »Ehrfurcht«, Neil Postman von einer modernen Erziehung, die ein »moralisches, soziales oder intellektuelles Zentrum« besitzen muß. Und Vaclav Havel sagt ganz einfach: »Wir wissen nicht, wie wir die Ethik der Politik, der Wissenschaft und der Wirtschaft voranstellen sollen. Wir sind noch immer unfähig zu verstehen, daß das einzige wirkliche Rückgrat unserer Handlungen – wenn sie ethisch sein sollen – die Verantwortung ist. Die Verantwortung gegenüber etwas Höherem, als es die eigene Familie ist, das eigene Land, die eigene Firma, der eigene Erfolg ist.« Von allen diesen Denkern wird im Grunde genommen eine transzendental verankerte Ethik zur Bewältigung unserer Aufgaben gefordert.

Ich halte diesen Gedankengang zwar für richtig, ich möchte allerdings sehr bezweifeln, ob die sittliche Renaissance, die hier beschworen wird, ohne ein religiöses Weltbild überhaupt möglich ist. Lassen wir das zunächst einmal dahingestellt. Unbestritten ist, daß eine »Ethik der Verantwortung«, wie sie der große Soziologe Max Weber bereits im Revolutionswinter 1918/19 gefordert hat, für die Politik von fundamentaler Bedeutung ist.

Wenn wir unser Schicksal noch selber in der Hand behalten und gestalten wollen, dann reicht die beste Gesinnungsethik nicht aus! Und das zeigt nun die politische Geschichte gerade des 20. Jahrhunderts sehr deutlich.

Die politischen Ereignisse des 20. Jahrhunderts und ihre geistigen Ursachen

Wenn wir uns den politischen Ereignissen hier zuwenden und ihre geistigen Ursachen versuchen zu erforschen, können wir heute nur mit Staunen zurückblicken, was sich in diesem Jahrhundert abgespielt hat: Die Zerfleischung der Nationen Europas, die zum Ersten Weltkrieg geführt hat, den Zusammenbruch der Kolonialreiche Europas, die Beendigung seiner Vormachtstellung, der Zweite Weltkrieg, der einen Scherbenhaufen in ganz Europa und teilweise auch in der übrigen Welt zurückgelassen hat. Das Ergebnis war das Aufsteigen der Supermächte USA und Sowjetunion, welche in der zweiten Hälfte dieses Jahrhunderts zu den dominierenden Weltmächten geworden sind. Nun hat es schon immer Höhen und Tiefen, Katastrophen, Kriege, Grausamkeiten, Aufstieg und Verfall von Weltreichen gegeben. Das Einzigartige dieses Jahrhunderts ist, daß es fanatische und menschenverachtende Ideologien gegeben hat, die einen bereits über Jahrhunderte erworbenen Stand von Kultur und Zivilisation in kürzester Zeit zum Einsturz brachten und uns den Rückfall in die Barberei beschert haben – in einem solchen Ausmaß, wie es dies in früheren Jahrhunderten nicht gegeben hat: Rassenwahn, Konzentrationsläger, Vergasung von Millionen von Menschen – und dies alles geschah auf dem Boden Europas, dem Kontinent, wo die klassische Kultur der Griechen und Römer entstand, wo der Ansturm der germanischen Völkerstämme zwar das Römische Weltreich zerstörte, aber sehr bald durch die Ausbreitung des Christentums zu neuen kulturellen Höhepunkten führte. Wo die Zwei-Schwerter-Theorie eine kluge Balance zwischen politischer und geistlicher Gewalt geschaffen hat und über Jahrhunderte jeden Staatstotalitarimus in der Idee und weitgehend auch in der Realität verhindert hat, wo Theologie, Aufklärung und Rationalismus die absolute Monarchie Schritt für Schritt eingeschränkt und den Ideen der Volkssouveränität, der Gewaltenteilung, des Rechtsstaates, der Freiheit und Gleichheit des einzelnen mehr und mehr Raum gegeben hat.

Wie konnte es geschehen, daß dies alles nicht mehr galt und der einzelne dem Staat total unterworfen und grausam unterdrückt worden ist, daß alle Sicherungen versagt haben? Und wie kann es verhindert werden, daß unseren Kindern und Enkeln im 21. Jahrhundert ähnliches passiert? Das ist die erste Frage, die wir uns nach einer solchen historischen Erfahrung vorlegen müssen!

Max Weber sagte: »Interessen beherrschen unmittelbar das Handeln der Menschen. Aber: die Weltbilder, welche durch Ideen geschaffen werden, haben sehr oft als Weichensteller die Bahnen bestimmt, mit denen die Dynamik der Interessen das Handeln fortbewegt.« Und in der Tat, wenn wir forschen, stoßen wir im 19. Jahrhundert auf Ideen der Inhumanität, der menschlichen Brutalität, welche jene Weltbilder geschaffen haben, die zum totalitären Staat des 20. Jahrhunderts schicksalhaft die Weichen gestellt haben. Weder Nationalsozialismus, noch der Kommunismus sind ohne solche Ideen, wie wir sie aus dem 19. Jahrhundert überliefert bekommen haben, denkbar. Beschäftigen wir uns zunächst einmal mit Friedrich Hegel und anschließend mit Karl Marx.

1. Der verhängnisvolle Einfluß der Hegelschen Staatsphilosophie

Friedrich Hegel fügt die Ideenlehre Platons, den Gottesstaat Augustinus, mit utopischen Gedanken von Thomas Morus zu einem philosophischen Konglomerat der Staatsverherrrlichung zusammen, in dem das menschliche Einzelschicksal, die Rechte und die Würde der Person, um die jahrhundertelang in Europa gestritten wurde, keinen Raum haben. Hegel sagte, ich zitiere wörtlich: »Der Staat ist die göttliche Idee, wie sie auf Erden vorhanden ist. Er ist so der näher bestimmte Gegenstand der Weltgeschichte überhaupt, worin die Freiheit ihre Objektivität erhält und in dem Genusse dieser Objektivität lebt. Denn das Gesetz ist die Objektivität des Geistes und der Wille in seiner Wahrheit; und nur der Wille, der dem Gesetze gehorcht, ist frei... Was den Staat ausmacht, ist Sache der gebildeten Erkenntnis, nicht des Volkes.« Mit diesen Gedankengängen wird zunächst einmal »das Volk« ausgeschaltet und die ganze Entwicklung zur Volkssouveränität, zur staatlichen Gewaltenteilung, zur Demokratie geleugnet. Der Staat als objektives Bild der Weltgeschichte verkörpert die Objektivität des Geistes, dem das höchste Gesetz der Welt entspricht und der alle Freiheit in sich vereinigt. Der Wille des einzelnen ist rein zufällig und für das objektive Schicksal der Welt nur insoweit relevant, als er sich dem Staat unterwirft. Dabei wird die christliche Idee von der Herrschaft Gottes als Gott-Vater mit einer persönlichen Beziehung zu jedem einzelnen Menschen – die in der Erlösungstat Christi kulminiert – der religiösen Bindung entkleidet und durch ein »Gesetz« der Weltgeschichte ersetzt. Geblieben ist allerdings die Mystifizierung dieses Gesetzes, was dann zu einer plumpen Staatsverherrlichung geführt hat. Lassen wir Hegel selbst sprechen: »Der Staat ist die göttliche Idee, wie sie auf Erden vorhanden ist...

Man muß daher den Staat wie ein Irdisch-Göttliches verehren und einsehen, daß, wenn es schwer ist, die Natur zu begreifen, es auch unendlich schwerer ist, den Staat zu fassen. Es ist der Gang Gottes in der Welt, daß der Staat ist...
Der Staat ist Organismus und zum vollendeten Staat gehört wesentlich das Bewußtsein, das Denken; der Staat weiß daher, was er will. Der Staat ist wirklich, und ... die wahrhafte Wirklichkeit ist Notwendigkeit: Was wirklich ist, ist in sich notwendig. Der Staat ist um seiner selber willen... Der Staat ist das vorhandene, wirkliche, sittliche Leben.«
Karl Popper machte aus seiner tiefen Abneigung zu diesen Hegelschen Gedankengängen keinen Hehl. Für ihn zeigen die Hegelschen Aussprüche ganz klar, wie unerbitterlich Hegel auf der absoluten sittlichen Autorität des Staates besteht; wie er die persönliche Sittlichkeit und das Gewissen völlig zur Seite schiebt; und wie er den Platonismus mit den modernen totalitären Lehren verbindet. Verhängnisvoll für uns Deutsche war, daß Hegel diese Staatsvergottung auch noch mit Germanentum und Preußen eng verkoppelt hat: »Der germanische Geist ist der Geist der neuen Welt, deren Zweck die Realisierung der absoluten Wahrheit aus der unendlichen Selbstbestimmung der Freiheit ist.« Das »Germanentum«, in einer solchen historischen Mission, zunächst in Gestalt des preußischen Staates, bestimmt zur Realisierung der absoluten Wahrheit, läßt bereits Böses ahnen. Dr. Hutchinson Stirling, ein Bewunderer der Hegelschen Prophetien, der in England lebte, hat im Jahre 1887 folgendes geschrieben: »Ist es nicht Hegel, und insbesondere seine Philosophie der Ethik und Politik, denen Preußen jenes mächtige Leben und jene Organisation verdankt, die es nunmehr so rapide entwickelt? Ist nicht in der Tat der grimmige Hegel das Zentrum jener Organisation, die den Plan in einem unsichtbaren Gehirne heranreifen läßt, und die blitzartig zuschlägt mit einer Hand, der die Masse

Gewicht verleiht? Was aber den Wert dieser Organisation betrifft, so wird er viel handgreiflicher erscheinen, wenn ich sage, daß im konstitutionellen England Inhaber von Aktien und Schuldscheinen durch die herrschende kommerzielle Unmoral zugrunde gerichtet werden, während sich die gewöhnlichen Kapitalinhaber der preußischen Eisenbahn auf einen sicheren Durchschnitt von 8,33 % verlassen können. Das spricht doch sicher zu guter Letzt für Hegel!« Daß Friedrich Hegel in der Tat damals auf eine riesige Bereitschaft stieß, seine Gedankengänge aufzunehmen, ist so verwunderlich nicht. War doch seinerzeit das deutsche Schicksal seit der französichen Revolution, seit Napoleon und dem Aufstieg der übrigen europäischen Mächte nicht gerade glänzend. Etwas Selbstbewußtsein konnte die deutsche Seele schon gebrauchen. Und daß damit gleichzeitig der preußische Staat zu einer welthistorischen Mission erhöht wurde, kam der Eitelkeit und dem Glauben an die eigene Mission natürlich sehr entgegen. Aber daß diese eigentlich recht primitiv-opportunistischen Gedanken Hegels eine solche Langzeitwirkung entfalten konnten, ist erstaunlich. Ein Zeitgenosse Hegels, Arthur Schopenhauer, hatte sich sein unbestechliches Urteil erhalten, und sprach das aus, was spätere Philosophen-Generationen versäumten zu tun – bis in unsere Zeit hinein. Er schlug Shakespeares Worte »solches Zeug, wie Tolle verstandlos plaudern« als Motto für Hegels Philosopie vor; und er zeichnet das folgende Bild des Meisters: »Hegel von oben herunter zum großen Philosophen gestempelt, ein platter, geistloser, ekelhaftwidriger unwissender Scharlatan, der mit beispielloser Frechheit, Aberwitz und Unsinn zusammenschmierte, welche von seinen feilen Anhängern als unsterbliche Weisheit ausposaunt und von Dummköpfen richtig dafür genommen wurden, und ein so völliger Chorus der Bewunderung entstand, wie man ihn nie zuvor vernommen hatte. Die einen solchen Menschen gewaltsam verschaffte, ausgebreitete geistige Wirksamkeit hat den intellektuellen Verderb einer ganzen gelehrten Generation zur Folge gehabt.« An einer anderen Stelle beschreibt Schopenhauer das politische Spiel der Hegelianer wie folgt: »Demgemäß mußte, nachdem Kant die Philosophie von neuem zum Ansehen gebracht hatte, auch sie gar bald das Werkzeug der Zwecke werden, der staatlichen von oben, der persönlichen von unten ... sieht man eine auffallende Regsamkeit, so darf man zuversichtlich voraussehen, daß das wirkliche primum mobile, die versteckte Triebfeder solcher Bewegung, aller feierlichen Minen und Versicherungen ungeachtet, allein reale, nicht ideale Zwecke sind ... daß folglich bloße Parteizwecke die vielen Federn angeblicher Weltweiser so stark in Bewegung setzten ... die Wahrheit aber gewiß das Letzte ist, woran dabei gedacht wird ... Ja, ich möchte sagen, daß keine Zeit der Philosophie ungüstiger sein kann, als sie von der einen Seite als Staatsmittel, von der anderen als Erwerbsmittel schnöde mißbraucht wird. Oder glaubt man etwa, daß bei solchem Streben so nebenher auch die Wahrheit zutage kommen wird?«

Bei dieser Beschreibung fallen einem die Beispiele ein, wie auch Intellektuelle der Versuchung erliegen, für das Lob des Brötchengebers, hier des staatlichen Systems, die eigenen Privilegien mit Selbstverständlichkeit entgegenzunehmen und zu genießen. Haben wir in den vergangenen Jahrzehnten nicht auch viele »feierliche Minen« gesehen und stellen nun bestürzt fest, daß trotz aller feierlichen Versicherungen es allein »reale«, nicht »ideale«, ja »blosse Parteizwecke« waren, die verfolgt worden sind und »die Wahrheit gewiß das Letzte ist, woran dabei gedacht« wurde? Offensichtlich bleibt sich die Natur des Menschen ziemlich gleich, besonders in für die Philosophie »ungünstigen Zeiten«, wenn »sie auf der einen Seite als Staatsmittel, von der anderen als Erwerbsmittel schnöde mißbraucht wird«. Ich gebe zu, daß ich diese Gedankengänge heute aus den Erfahrungen der jüngsten Geschichte in vielen Fällen nachvollziehen kann, daß es für mich allerdings erst der Schopenhauerschen Sicht bedurfte, solche Gedanken auch auf Hegel zu beziehen. Dabei stellte sich gerade jene Hymne auf den »germanischen Geist« als eine fatale Triebfeder irrationaler Vabanque-Spieler heraus; ein Adolf Hitler konnte sich mit einer solchen Geschichtsphilosophie natürlich leicht anfreunden. Ja, hier ging das Verhängnis noch weiter. Er konnte sich selber in dieser Philosophie ganz logisch und stringent wiederfinden. Denn Hegel spricht von den »großen Persönlichkeiten in der Geschichte, deren eigene partikulare Zwecke das Substantielle enthalten, welches Wille des Weltgeistes ist. Sie sind insofern Heroen zu nennen, als sie ihre Zwecke und ihren Beruf nicht bloß aus dem ruhigen angeordneten, durch das System geheiligten Lauf der Dinge geschöpft haben, *sondern aus einer Quelle, deren Inhalt verborgen* und nicht zu einem gegenwärtigen Dasein gediehen ist, aus dem *inneren Geiste, der noch unterirdisch ist*, der an die Außenwelt, wie an die Schale pocht und sie sprengt, weil er ein anderer Kern, als dieser Kern dieser Schale ist – *die also aus sich zu schöpfen* scheinen und deren Taten einen Zustand und Weltverhältnisse hervorgebracht haben, welche nur ihre Sache und ihr Werk zu sein scheinen. *Die welthistorischen Menschen, die Heroen einer Zeit, sind darum als die Einsichtigen anzuerkennen*. Ihre Handlungen, ihre Reden sind das Beste der Zeit. Die Geschichte ist nicht der Boden für das Glück. Die Zeiten des Glücks sind in ihr leere Blätter. Wohl ist in der Weltgeschichte auch Befriedung. Aber diese ist nicht das, was Glück genannt wird; denn sie ist Befriedung solcher Zwecke, die über den partikulären Interessen stehen. Zwecke, die in der Weltgeschichte Bedeutung haben, müssen durch abstraktes Wollen mit Energie festgehalten werden. Die weltgeschichtlichen Individuen, die solche Zwecke verfolgt haben, haben wohl sich befriedigt, aber sie haben nicht glücklich sein wollen«.

Mich schaudert es bei diesen Gedankengängen – eine gefährlichere Legitimation des modernen Tyrannen, der tief aus seinem »inneren Geiste schöpft«, der die Ordnungen zerbricht, der sich über alle »Partikular-Interessen« hinwegsetzt, der mit Energie an seinem »abstrakten Wollen« festhält, um die »Zwecke«, die von »weltgeschichtlicher Bedeutung« sind, zu erfüllen und dabei niemandem gegenüber Rechenschaft schuldig ist, weil er als »Heroe« seiner Zeit die »Einsicht« in die »welthistorischen Zwecke« besitzt, habe ich nicht gelesen.

Eine gefälligere und psychologisch geschicktere Anleitung für überhebliche, rücksichtlose, paranoide Politiker kann es nicht geben. Diese Gedanken bedeuten gleichzeitig das Ende der Religion und der Philosophie der Aufklärung, des christlichen Menschenbildes und aller rechtsstaatlichen und demokratischen Ideale; es ist der Freibrief für alle Demagogen. Ist es ein Wunder, daß gerade die Kombination von germanischem Missionarismus und der Typographie des »Heroen« als dem eigentlichen weltgeschichtlichen Beweger für Typen wie Adolf Hitler eine besondere Anziehung hatten? Jedenfalls bekamen wir im 20. Jahrhundert die Folgen dieses verhängnisvollen Denkens deutlich zu spüren! Man wundert sich nur, daß Friedrich Hegel auch nach diesen Erfahrungen in philosophischen Zirkeln von seinem Ruf nichts eingebüßt hat!

2. Karl Marx – der Wegbereiter der kommunistischen Geschichtskatastrophe

Ich komme nun zum zweiten Ideologiebegründer, zu Karl Marx. Er sog auch eine ganze Reihe von Ideen Friedrich Hegels auf. Doch bei ihm war es keine »überirdische Vernunft,« kein »Weltgeist«, der die Geschichte bewegte, sondern für ihn war der »historische Materialismus« die Realität dieser Welt und der »Klassenkampf« der Beweger der Weltgeschichte. Die »Arbeiterklasse« sollte in diesem Kampf siegen, die Gesellschaft zur »klassenlosen Gesellschaft« führen, dann wäre nach Karl Marx der Klassenkampf für immer beendet und es könnte sogar der Staat abgeschafft werden; jeder könnte entsprechend »seinen Bedürfnissen« der materiellen Güter dieser Welt teilhaftig werden. Mit einer angeblich »wissenschaftlichen Methode« wurde hier wieder eine neue große Utopie in die Welt gesetzt – allergings nicht zur Bereicherung wissenschaftlicher oder philosophischer Diskussionen, sondern mit dem ganz klaren und konkreten Ziel, »die Welt zu verändern«. Das »kommunistische Manifest« war eine konkrete Handlungsanweisung für die Klassenkämpfer. Skrupel über die Frage der Gewaltanwendung findet man darin nicht. Während es bei Hegel eine außermenschliche Vernunft, der »Weltgeist« ist, der dann nur von bestimmten Persönlichkeiten sublimiert und für die Menschheit zu einer objektiven Realität geführt wird, vertraute Karl Marx seine Operationen einer bestimmten Klasse, der Arbeiterklasse an. Der Frage, wohin die generelle Abschaffung der Rechte einzelner, der Gleichheit vor dem Gesetz, der Gewaltenteilung, und wohin die Errichtung der »Diktatur des Proletariats«, der Machtusurpation auch innerhalb dieser Klasse führen könnte, widmete Karl Marx kaum einen Gedanken. Er hatte das Ziel der klassenlosen Gesellschaft so sicher im Visier, daß auch die Frage der Gewaltanwendung letztlich dabei keine Rolle spielte. Karl Marx empfand nicht von ungefähr für Robespierre tiefe Bewunderung! Da er für diese wichtigen Fragen der Sicherung der Rechte des einzelnen, sowie der Einschränkung der Gewalt der Herrschenden, auch wenn sie von seiner von ihm geförderten Klasse ausgeübt wird, überhaupt keine Gedanken verschwendete, kann man ihn auch von der Verantwortung für die tatsächliche Entwicklung der kommunistischen Diktaturen nicht einfach freisprechen. Es wäre auch theoretisch bereits abzusehen gewesen, daß die kollektiven Parteiführungen sehr schnell zur Tyrannei einzelner Diktatoren denaturieren und fortan Partei und Geheimdienst mit ihren undurchdringlichen Netzen eine skrupellose Gewaltausübung über alle Bürger ausüben können. Da die kommunistische Ideologie nicht an eine Rasse (Germanen!), nicht an einzelne »Heroen« (Führer!) gebunden war, wie wir dies bei den Grundlagen des Nationalsozialismus sehen konnten, war der Marxismus auch viel anpassungsfähiger an die verschiedenen Gesellschaften und Kulturen dieser Welt und wurde daher im 20. Jahrhundert zu einem weltweiten Exportartikel. Die soziale Frage, die Karl Marx zu Beginn des Industriezeitalters im 19. Jahrhundert zutreffend in Europa analysierte, konnte mehr oder weniger auch in anderen Ländern und Erdteilen entdeckt und mit der gleichen (Pseudo-)»Wissenschaftlichkeit« interpretiert werden. Warum sollten nicht auch dort die Menschen aus ihrem Elend in eine »klassenlose Gesellschaft« geführt werden? Wie schön, wenn man nun endlich für das Elend jeden Fleckens dieser Welt den Schuldigen gefunden hat und das Rezept zur Überwindung des Elends gleich mitgeliefert bekommt!

Diese anderen Kulturen in den verschiedenen Erdteilen dieser Welt, mit ihrer völlig anderen Geschichte und gesellschaftlichen Entwicklung, hatten schon in der Analyse keine Übereinstimmung mit der aus Europa importierten marxistischen Theorie. In der politischen Praxis diente sie dort mehr oder minder der Legitimierung neuer, teilweise äußerst grausamer Gewalttäter, die sich mit der marxistischen Theorie identifizierten und sich auf diese Weise als progressiver Teil einer weltumfassenden Revolution verstanden. Wo immer diese Revolution stattgefunden hat, konnte sich die totalitäre Herrschaft als Glied der kommunistisch-sozialistischen Staatengemeinschaft und damit als Teil eines Weltsystems etikettieren. Wer sich nun heute wissenschaftlich bemüht, die Ideen von Marx von dieser weltweiten Fehlentwicklung zu trennen und zu salvieren – wie dieses heute gelegentlich von den Kathedern unserer Hochschulen fleißig betrieben wird – übersieht einen entscheidenen Punkt:

Karl Marx *wollte* mit voller Absicht die Welt nicht nur »erkennen«, sondern »bewegen«. Zum Ausgangspunkt benutzte er eben nicht die Kategorien sauberen wissenschaftlichen Denkens, sondern eine undefinierbare Mixtur von wissenschaftlicher Analyse mit bewußt selektiver und monokausal erklärter Faktenauswahl, von subjektiven aber dogmatisch verkündeten Glaubensbezeugungen (»dialektischer Materialismus«) und prophetisch verkündeten Utopien, die er als Ergebnis »wissenschaftlicher Arbeit« fehlinterpretierte. Gerade wenn diese gefährliche Ideen-Mixtur das Ziel erreicht, »die Welt zu bewegen« und damit eine charismatisch wirkende Kraft der Geschichte in Gang gesetzt hat, *mußte* er – bei nur geringster Bemühung von Reflexion über sein Denken und Tun – davon ausgehen, daß sich diese Bewegungskraft mit Gewalt, Aufruhr, Mord und Totschlag ihre Bahn sucht. Davon kann man Karl Marx nicht freisprechen, der sich nie der Mühe unterzogen hat, nur darüber nachzusinnen, wo denn die Grenze der Gewaltanwendung bei dem geschichtlichen Vollzug seiner Theorien liegen müßte. Seine Schüler tobten sich daher auf diesem Feld ohne jedes Unrechtsbewußtsein aus. Als das Deutsche Reich am Ende des Ersten Weltkrieges Lenin nach Rußland einschleuste, hat man die Wirkung absolut richtig kalkuliert: Aufruhr, Zersetzung, Mord und Totschlag waren die Folge. Daß dies einmal entsetzlich auf Deutschland zurückschlagen würde, das hat man allerdings in der damaligen Verblendung nicht vorausgesehen!

Daß in den anderen Erdteilen kaum noch die Analyse, wie sie Marx in Europa vorgenommen hat, stimmte, und daß in den anderen Kulturen und Gesellschaften mit dieser Ideologie nur die rohe Gewalt legitimiert worden ist, war ebenfalls aus der Marxschen Unsauberkeit des Denkens – Analyse, Wissenschaftlichkeit, eigenen Glauben, utopische Vorstellungen durcheinanderzumengen – durchaus voraussehbar. So entstand überall, wo die Marxsche Ideologie im politischen Raum konkret Fuß fassen konnte, die Hölle. Ob es sich nun um Lenin oder Stalin handelte, um Ulbricht, Honecker, um Mátyás Rákosi in Ungarn, um Ceausescu in Rumänien oder Pol Pot in Cambodia, es war immer das gleiche Muster. Natürlich gab es auch Unterschiede, je nach der Natur der Völker und ihrer Geschichte sowie des Charakters des jeweiligen Diktators, der sich mit Hilfe der kommunistischen Ideologie an die Spitze der Bewegung gesetzt hat. Tito war neben seiner kommunistischen Ideologie stark durch den Partisanenkampf gegen Hitler-Deutschland geprägt und daher keine Marionette der Roten Armee; Mao Tse-tung, der als Bauernsohn den Klassenkampf nicht dem Industrieproletariat, sondern der unterdrückten Bauernklasse als historische Aufgabe zugewiesen hat, nahm von vornherein eine ideologisch abweichende Position gegenüber der Sowjetunion ein. Auch hier war es eine eigenständige Entwicklung, die nicht von der Roten Armee abhing. Aber die Pseudowissenschaftlichkeit der von

Karl Marx aufgestellten historischen Gesetze nahmen sie alle für sich in Anspruch – der Marxismus eignete sich offensichtlich als Universalrezept für die ganze Welt.

Die machtpolitische Bedrohung der westlichen Demokratien wuchs dann zu einer neuen Dimension heran, als, neben den in den vielen Ländern der Welt tätigen »fünften Kolonnen« der kommunistischen Bewegung, die Sowjetunion durch den Sieg über Deutschland und den Besitz der Atombombe eine kommunistische Weltmacht wurde, die ihre politische Einflußsphäre nach dem Zweiten Weltkrieg um ein Vielfaches potenzieren konnte. Die kommunistische Herrschaft reichte bereits von der Elbe bis ans Gelbe Meer. Nachdem die Bürgerkriege in Korea, Vietnam, Kambodscha, in Afrika und Südamerika, an deren Entstehung und Verlauf die Sowjetunion primär beteiligt war, eigentlich immer eher zugunsten der kommunistischen Kämpfer ausgegangen sind, war es ganz offensichtlich geworden, daß der Kommunismus zu einem Weltsystem geworden ist. Für viele Linke dieser Welt war das Zeitalter der Weltrevolution herangereift. Auch für die westlichen Demokratien selber war das Überleben ihrer Unabhängigkeit und Freiheit keineswegs sicher. Zur gleichen Zeit, als die erste Freiheitsbewegung in der Tschechoslowakei 1968 mit brutaler Gewalt von russischen Panzern niedergewalzt worden ist, feierte die marxistische Ideologie in westlichen Intellektuellen-Kreisen, insbesondere in Universitäten und Schulen, fröhliche Urstände; ja sie erlebte in den 70er Jahren geradezu eine Renaissance, offensichtlich völlig unberührt von den Folgen, die das marxistische Denken und die kommunistische Ideologie bereits in aller Welt angerichtet hatten! Wir brauchen hier nur an die »Frankfurter Schule« zu denken, die sich bei dem Versuch, die Marxsche Ideologie als Orientierung für das Nachkriegsdeutschland zu retten, von niemandem übertreffen

ließ. Ihr Einfluß an den Universitäten war groß und die Entstehung linksradikaler Studentenbewegungen Ende der 60er Jahre war eine Folge davon. Aber noch viel folgenschwerer war der Versuch, gerade hier in Hessen, die Lehrpläne der Schulen mit marxistischem Gedankengut durchzumischen. In den sogenannten »Rahmenrichtlinien« des Hessischen Kultusministers wurden die Kinder durch die sogenannte »Konfliktheorie« gegen alle Autoritäten, einschließlich der Eltern, aufgehetzt und auf den Klassenkampf vorbereitet. Daß hier tatsächlich der Versuch, die marxistische Revolution durch die Hintertür in unsere Gesellschaft einzuschleusen, im Vordergrund stand, geht sehr gut aus dem Buch eines der Protagonisten dieser Kulturrevolution hervor, der damals Schulsenator in Berlin war: Heinz Evers, der das Buch schrieb: »Versäumen unsere Schulen die Zukunft?« Da kann man gut nachlesen, wie man sich unter den Bedingungen Nachkriegsdeutschlands den Klassenkampf, und das Ziel der Revolution über die Schule zu erreichen, vorgestellt hat. Als damaliger Sprecher der CDU-Fraktion für Kulturpolitik im Hessischen Landtag habe ich die Schärfe der Auseinandersetzung, die Feindseligkeit dieser verhetzten Marx-Truppen sehr deutlich in Erinnerung. Auf einer Podiumsdiskussion im Wiesbadener Kurhaus, an der auch der damalige Kultusminister von Friedeburg teilnahm, war es nicht mehr möglich, daß ich meinen, d. h. den Standpunkt eines Andersdenkenden, überhaupt zu Gehör brachte. Das Gestühl des Saales mußte nach diesem Abend mit viel Geld erneuert werden, so aggressiv war das Verhalten dieser »Kulturrevolutionäre«.
Von der Orientierung, die die Hessische Verfassung im Artikel 56 den Schulen aufgibt und die noch die Erkenntnis widerspiegelt, die alle demokratischen Kräfte nach dem Zweiten Weltkrieg gemeinsam gehabt haben, ist in den Rahmenrichtlinien des Hessischen Kultusministers keine Rede mehr. In dem

Artikel 56 der Hessischen Verfassung heißt es: »Grundsatz eines jeden Unterrichts muß die Duldsamkeit sein. Der Lehrer hat in jedem Fach auf die religiösen und weltanschaulichen Empfindungen aller Schüler Rücksicht zu nehmen und die religiösen und weltanschaulichen Auffassungen sachlich darzulegen. Ziel der Erziehung ist, den jungen Menschen zur sittlichen Persönlichkeit zu bilden, seine berufliche Tüchtigkeit und die politische Verantwortung vorzubereiten zum selbständigen und verantwortlichen Dienst am Volk und der Menschheit durch Ehrfurcht und Nächstenliebe, Achtung und Duldsamkeit, Redlichkeit und Wahrhaftigkeit.«

Keiner der hier aufgeführten Begriffe kommt auch nur einmal in den Hessischen Rahmenrichtlinien vor. Mir wurde damals klar, daß, wenn diese Entwicklung so weitergeht, auch der zweite Versuch in diesem Jahrhundert, in Deutschland eine liberale rechtsstaatliche Demokratie einzuführen, wieder scheitern könnte und es aller Anstrengung bedarf, um diese Entwicklung zu stoppen. Dieser ideologische Kampf gab der politischen Auseinandersetzung in den 70er Jahren in Hessen auch ihre große Schärfe.

Weichenstellungen für das 21. Jahrhundert

1. Die Wende im Westen und die Wende im Osten – die größte »Stille Revolution« der Geschichte (1982 bis 1991)

So standen wir in den 70er Jahren – das ist gerade 20 Jahre her! – vor einer der gefährlichsten Krisen der Welt. Zu den äußeren Expansionsbestrebungen des Kommunismus gesellten sich im Westen überall innere Krisen: In den USA durch den Ausgang des Vietnamkrieges und die naiven Abrüstungsverhandlungen des Präsidenten Carter, die schließlich zur gewaltigen Prädominanz der sowjetischen Hochrüstung führten. In Europa kam es zum ersten Mal zu einer echten Bedrohung des Nato-Bündnisses, da mit der wöchentlichen Installierung einer Mittelstreckenrakete mit jeweils drei atomaren Sprengköpfen, auf europäische Ziele gerichtet, eine noch nie dagewesene Bedrohung Westeuropas heraufgezogen war. Aber Europa befand sich in einer geistigen Krise, unfähig, die notwendigen Gegenmaßnahmen zu treffen. So gelang es der Linken durch geschicktes Ausnutzen der »Friedensbewegung«, die ein beachtliches Potential von Menschen mobilisieren konnte, Europa gegenüber der Sowjetunion immer wehrloser zu machen und einen Keil zwischen Europa und die USA zu treiben. Klares Ziel war die Zerstörung des Nordatlantischen Bündnisses. Gleichzeitig versuchten extreme Kräfte, durch Terrorismus unser Land in Atem zu halten. Erst als die wirtschaftlichen Verhältnisse durch Inflation und Arbeitslosigkeit immer schlechter, und die Sicherheitsfrage mit den Sozialdemokraten nicht mehr lösbar war, kam es zu Beginn der 80er Jahre mit der Übernahme der Regierungsverantwortung durch Helmut Kohl und die CDU/CSU zur entscheidenden Wende. In England hatten sich die Verhältnisse durch die eiserne Lady, Margret Thatcher, stabilisiert, in Frankreich durch den nüchtern abwägenden Realpolitiker Mitterand und in den USA durch Präsident Reagan, der den Amerikanern den Glauben an sich selbst wieder zurückgegeben und mit den Russen den Kampf um die militärische Führung in der Welt wieder aufgenommen hatte. Dabei spielte das großangelegte SDI-Programm – neben der Stationierung der Mittelstreckenraketen in Europa – eine große Rolle. Diese strategische Meisterleistung des amerikanischen Präsidenten Reagan brachte die Sowjetunion schnell in wirtschaftliche Atemnot. Von den Europäern wurde er dafür mehr kritisiert, als unterstützt, und die wenigsten Politiker in Europa geben selbst heute zu, daß Reagan damit die wichtigsten Weichen für die folgenden Jahre gestellt hatte.

Kein Mensch weiß, wie die Weltgeschichte verlaufen wäre, wenn diese Wende in den USA und Europa Ende der 70er bzw. Anfang 80er Jahre ausgeblieben wäre. Es ließe sich ein dramatisches, durchaus realistisches Szenario vorstellen. In den USA wäre aufgrund des Mißerfolgs in Vietnam und in den Verhandlungen mit der Sowjetunion ein immer größerer Trend zúm Isolationismus, zur Nabelschau und zur Abkehr von weltweiter Verantwortung zum Durchbruch gelangt; in Europa wäre eine immer größere Tendenz zur Auflösung des Nordatlantischen Bündnisses eingetreten – gleichzeitig hätte die pazifistische Bewegung, die die Angst vor dem Atomkrieg und die Gleichgültigkeit der Menschen vor nicht unmittelbar faßbaren Problemen für ihre Zwecke ausgenutzt hätte, an Durchschlagskraft zugenommen; die europäischen Regierungen wären mehr und mehr unter Druck geraten, daß sie mit den kommunistischen Machthabern ihren Frieden schließen, auch zu Bedingungen, die eine in der Breschnew-Doktrin verharrende Sowjetunion gemacht hätte. Die linken Revolutionäre hätten diese Welttendenzen lautstark als Beweis angesehen, daß die Weltrevolution und der Sozialismus als unmittelbar bevorstehend ausgerufen werden können – und die vornehmeren Linksintellektuellen hätten in den Hörsälen und in den Medien von der unaufhaltsamen »Konvergenz der Systeme« doziert.

Und der Kommunismus im Osten? Er hätte diesen Schwächeanfall des Westens sofort als neue Chance für sich und seine weltpolitischen Eroberungsziele gewittert. Er hätte wieder Mut geschöpft, den Klassenfeind endgültig zu besiegen, die Aufmerksamkeit abzulenken von seiner ökonomischen Erfolglosigkeit, von seinen Mißerfolgen (z.B. in Afrika und Afghanistan), von seiner inneren Hohlheit und Schwäche, von der Unmenschlichkeit seines Systems. Wer weiß, ob Gorbatschow dann überhaupt die Chance erhalten hätte, an die Macht zugelangen – vielleicht hätte man sich eher wieder an seiner militärischen Macht berauscht, die Repression nach innen und die Expansion nach außen verstärkt, wie das schon einmal nach dem für den Kommunismus siegreich verlaufenen Zweiten Weltkrieg geschehen war.

Ich räume ein, daß dieses Szenario nicht zwingend gewesen wäre – aber unter den genannten Umständen durchaus denkbar, ja sogar einen gewissen Grad an Wahrscheinlichkeit gehabt hätte. Nun, Gott sei Dank, ist es anders gekommen. Der Westen hat Stand gehalten und ist im Bündnis enger zusammengerückt; er hat die pazifistischen Bewegungen verkraftet, ohne ihnen zu folgen – und in der Sowjetunion fand in den 80er Jahren ein Lernprozeß statt, der mit Gorbatschow an der Spitze auch dort eine große historische Wende eingeleitet hat.

Ja mehr noch: Wir erlebten in den Jahren 1989/90/91 ein geschichtliches Beben von solcher Tragweite, daß erst spätere Historiker das ganze Ausmaß dieser drei Jahreszahlen ermessen können.

2. Neuer Aufbruch des religiösen Denkens

Über die weitere Entwicklung der Religionen kann man heute sehr viele verschiedene Auffassungen hören. Wenn wir die einflußreichen Prophetien des 19. Jahrhunderts zu Rate ziehen, die gerade auch das 20. Jahrhundert so eminent beeinflußt haben, dann müßte Religion längst tot sein. Aber das scheint falsch zu sein. Nicht nur, daß es eine ganze Anzahl von Völkern und Kulturen gibt, wo die Religion immer noch einen erstrangigen Platz einnimmt – die Religion ist auch da wieder lebendig, wo sie schon totgesagt war und selbst dort, wo sie bereits einen ausgestorbenen Eindruck machte.

Es gibt drei Jahreszahlen, die bedeutende religiöse Entwicklungen markieren. Sie sind hier bei uns kaum bemerkt worden, haben aber im weltgeschichtlichen Zusammenhang eine nicht zu unterschätzende Bedeutung: 1977, 1978 und 1979. Interessanterweise war diese Zeit *vor* dem Höhepunkt der »Stillen Revolution« (1989, 1990 und 1991).

In Israel erlitt die Arbeiterpartei bei den Parlamentswahlen im Mai 1977 eine schwere Niederlage; sie wurde zum ersten Male in der Geschichte des Staates Israel aus der Regierung verdrängt. Premierminister wurde der gerade vor kurzem gestorbene Menachim Begin. Die fundamentalistischen religiösen Bewegungen, die eigentlich schon für verschwunden gehalten worden sind, erhielten einen enormen Auftrieb. Die religiösen

Bewegungen sorgten mit dafür, daß eine recht aggressive Siedlungspolitik in den besetzten Gebieten begonnen und die strenge Befolgung der religiösen Gesetze als Ausdruck der überlieferten heiligen Schrift mehr und mehr einen quasi offiziellen Charakter erhielten. Seit dieser Zeit spielen die religiösen Flügel in Israel eine fundamentale politische Rolle und machen, zumindest fast in gleicher Weise wie arabische Extremisten, bis heute wesentliche Fortschritte einer politischen Lösung des Nahost-Problems schier unmöglich.

Im Jahre 1978 bestieg zum ersten Mal in der Geschichte ein Pole, Karol Wojtila, den päpstlichen Stuhl. Mit ihm begann eine neue Ära der katholischen Kirche. Er stammt aus jenem Land, das dem Kommunismus standgehalten hat. Die Kirche schützte mit zunehmendem Erfolg die Menschen vor dem brutalen Zugriff des kommunistischen Staates, wie wir ihn aus anderen Ländern kennengelernt haben. Und mit seiner Wahl wurde dieser polnische Kardinal zu einem der mächtigsten Faktoren in der Auseinandersetzung mit dem Kommunismus. Die polnischen Kommunisten wußten sehr wohl, wann immer dieser Papst eine Reise nach Polen unternimmt, entsteht eine Volksbewegung, die sie nicht mehr beherrschen können. Es war nicht mehr die Kirche, die um den Konsens zur Bewahrung religiöser Freiheiten mit den Kommunisten gerungen hat, nein, die Lage drehte sich um: Die Kommunisten brauchten den Konsens mit der Kirche, um das Zusammenbrechen ihrer staatlichen Ordnung hinauszuschieben. Letztlich wußten die polnischen Kommunisten bereits sehr früh in den 80er Jahren, daß sie diesen Kampf nicht mehr gewinnen konnten. Dabei muß man unwillkürlich an die Frage Stalins denken: »Wieviel Divisionen hat der Papst?« Und man stellt heute fest: Das Rad der Weltgeschichte, hat sich gewaltig gedreht! So wurde Papst Johannes Paul XXIII. der große geistige Bezwinger der pseudoreligiösen Ideologie des Kommunismus. Er ist ein mutiger Papst, der sich dieses Kampfes voll bewußt war und seine Botschaft in alle Welt verkündete. Er ging auch nach Südamerika, um der sogenannten »Befreiungstheologie« ein Ende zu bereiten. Er wußte, daß sozialistische oder gar kommunistische Ideen mit dem Christentum grundsätzlich nicht vereinbar sind und alle Kompromißversuche das Christentum auf den Holzweg führen würden, ja daß sie letztlich Verrat sind. Und er wagte es als erster Papst, mit mächtigen Worten diesen teilweise jahrzehntelangen Bestrebungen Einhalt zu gebieten. So ist es nicht von ungefähr, daß heute in Südamerika fast durchgehend die sogenannten »Befreiungsbewegungen« sozialistisch-kommunistischer Art ihre Macht verloren haben. Und interessant ist, daß dieses einige Jahre *vor* dem Ausbruch der »Stillen Revolution« im Jahre 1989 geschehen ist; daß durch diese klare Politik des Heiligen Stuhls eine gewaltige Veränderung in Südamerika in Gang gesetzt wurde. Auch das Castro-Regime wird diese neue Entwicklung geistig nicht überleben.

Doch auch in den USA und Westeuropa haben christliche Laienbewegungen wachsenden gesellschaftlichen Einfluß. Ihnen gemeinsam ist der Wunsch, Gott und Christus aus der Vergessenheit wieder in das tägliche Leben zurückzuholen. Ihre abgrundtiefe Abneigung gegen den säkularisierten Staat und die gottlose Gesellschaft führte zu Bewegungen, die letztlich sogar zum Zweiten Vatikanischen Konzil vom Oktober 1962 bis 1965 führten – aber erkennbar auch außerhalb der etablierten Kirchen gediehen. In Italien war es nach Konzil und der 68er Studentenrevolte die Gründung der Bewegung »Communione e Liberatione« sowie die »Compagnia del Opere«, die soziales, caritatives und gesellschaftlich-politisches Engagement vorwiegend in Gemeinschaft junger Menschen miteinander verband und eine große Breitenwirkung in der italienischen Gesellschaft entfaltete. Nicht zuletzt der Ausgang der Volksabstimmung über die Ehescheidung im Jahre 1974, die von der Kirche schon fast für verloren gehalten wurde, ist durch den aktiven Einsatz dieser Gruppen gegen die Scheidung entschieden worden.

Auch in Frankreich entstand Mitte der 70er Jahre eine bedeutende Zahl christlicher Laienbewegungen, die eine Erneuerung und Durchdringung christlichen Lebens in der Gesellschaft zum Ziel hatten. Dabei handelt es sich um charismatische Gebetsgemeinschaften, um Gruppen, die die christliche Religion aus der Privatsphäre herausholen und der Kirche wieder den »Status des öffentlichen Rechts« zurückgeben wollen. Daß sie in der Lage waren, Hunderttausende von Menschen zu mobilisieren, zeigte die Demonstration für den Fortbestand der Privatschulen, die letztlich die französischen Sozialisten im Jahre 1984 gezwungen hat, ihre Gesetzesvorhaben vollständig zurückzuziehen. Den größten Einfluß jedoch erkämpften sich entsprechende Gruppen in den USA. Bezeichneten sich im Jahr 1978 in einer Meinungsumfrage noch 22 % als Anhänger evangelikaler Gemeinschaften, waren es 1986 bereits 33 % der erwachsenen Amerikaner, was in 8 Jahren einer Zunahme von mehr als 30 % und in absoluten Zahlen einer Gesamtzahl von etwa 58 Millionen Amerikanern entspricht. Daß hier der Einsatz der Massenmedien, insbesondere des Fernsehens, eine besondere Rolle spielte, ist unverkennbar. Neben sozialen Tätigkeiten, Erweckungserlebnissen und Pfingstbewegungen, die der persönlichen Lebensführung höchst rigide moralische Maßstäbe verordneten, war auch der Kampf gegen den »atheistischen Humanismus« und gegen das Verderbnis »Aufklärung« erklärtes Ziel. Besonders der »lärmenden Minderheit gottloser Männer und Frauen«, welche die

Medien beeinflussen und kontrollieren, wurde der Kampf angesagt. Es wurde eine große Zahl von Schulungen und Seminaren veranstaltet. Jerry Falwell, ein führender Kopf der Bewegung, gründete in Lynchburg, im Herzen Virginia's, die »Liberty University«. Diese Ausbildungsstätte entläßt jedes Jahr eine große Zahl geschulter treuer Anhänger der Re-Christianisierungsbewegung in die Praxis und erfreut sich gleichzeitig auf verschiedensten Wissenschaftsfeldern eines ausgezeichneten Rufes. Die Unterstützung, die diese Bewegung den Republikanern angedeihen ließ – der moralische Wertekodex schien ihnen sehr viel zuverlässiger als der der Demokraten – dürfte auch nicht unwesentlich dazu beigetragen haben, daß der Süden Amerikas, der traditionell sehr viel näher bei den Demokraten stand, einen Stimmenumschwung zu den Republikanern vornahm und damit die Wahl Präsident Reagans gesichert hat. Über diese religiösen Bewegungen sind wir hier in Europa wenig informiert. Erst Gilles Kepel, der im Jahre 1991 sein hochinteressantes Buch »Die Rache Gottes – Radikale Moslems, Christen und Juden auf dem Vormarsch« veröffentlicht hat, hat auf dieses Phänomen in Europa aufmerksam gemacht.

Interessant ist natürlich die Frage, wieso wir so wenig davon wissen; es wäre vielleicht auch einer besonderen Studie wert, wieso die Bundesrepublik Deutschland von diesen Bewegungen praktisch ausgespart geblieben ist; bestimmt nicht deswegen, weil es bei uns so wenig »atheistische Humanisten« gibt! Doch nun schnell zurück zu unserem Thema, der dritten Jahreszahl: 1979.

1979 war das Jahr, als mit der Rückkehr Ajatollah Chommenis nach Teheran die islamische Republik ausgerufen wurde. Alle Errungenschaften der Säkularisierung, ja sogar die Trennung von Staat und Kirche, wurde radikal beendet. Der religiöse Fundamentalismus des Islams eroberte im Sturm die Staatsgewalt im Iran. Daß diese gewaltsame Usurpation des Staates durch die Priester des Islam sich auch der Zustimmung weiter Kreise der Bevölkerung erfreute, ist offenkundig gewesen. Man hatte genug von westlicher Lebensart, westlicher Technik, westlicher Wissenschaft und Überlegenheit. Man wollte sich wieder auf etwas Eigenständiges berufen. Was gibt es Besseres und Eigenständigeres als die traditionelle Religion, mit der man sich wieder voll identifizieren kann und die die Wucht einer neuen Bewegung verkörpert, die, so hofft man, dem Westen gewachsen ist?!

Der Kampf gegen den atheistischen Humanismus, gegen die staatliche Obrigkeit ohne religiösen Wertbezug, die gefährliche Entwicklung des Materialismus, des Kommunismus, zeigt viele Ähnlichkeiten mit anderen fundamentalen Bewegungen, wie wir sie auch aus der christlichen Welt her kennen; jedoch ist keine der religiösen Fundamentalbewegungen heute so weit gegangen, die Unterordnung der staatlichen Autorität unter das religiöse Gesetz so rigeros und totalitär vorzunehmen, wie dies im Iran und anderen islamischen Staaten festzustellen ist.

So können wir dann zum Ende des 20. Jahrhunderts feststellen, daß nicht etwa die Religionen, sondern die meisten weltlichen Gesellschaftssysteme, die auf einer ideologischen Basis beruhten, zusammengebrochen sind. Die Religion erlebt im Gegenteil eine Renaissance in den großen fundamentalistischen Bewegungen, aber auch gerade in all denjenigen Ländern, in denen die Religion über Jahrzehnte unterdrückt worden ist. Am Ende des 20. Jahrhunderts zeigte sich also, daß die Wucht religiöser Bewegungen nichts an Stärke eingebüßt hat.

Alle Versuche, die Religion aus dem gesellschaftlichen Leben zu verbannen, sind letztlich ins Gegenteil umgeschlagen. Inwieweit es den etablierten Kirchen und Religionsgemeinschaften gelingt, diese Bewegungen für ihre eigenen Institutionen nutzbar zu machen und zu einer neuen Lebendigkeit des religiösen Lebens der Menschen zu führen, bleibt abzuwarten. Ziemlich sicher erscheint es aber, daß diese religiösen Aufbrüche für die Zukunft der Menschheit nicht folgenlos bleiben werden. Da durch das Fortschreiten der Wissenschaft, wie wir gesehen haben, die Fragestellungen zwischen Wissenschaft und Religion auch nicht mehr unbedingt gegensätzlich sein müssen, wie das noch im 19. Jahrhundert fast durchgängig erschien, dürfte in den nächsten Jahren und Jahrzehnten der Dialog zwischen Wissenschaft und Religion an Intensität wieder stark zunehmen. Auch der Staat wird sich darauf einzustellen haben, daß die letzten Fragen unseres Lebens nicht von ihm beantwortet werden können und daß er sein Wesen gründlich verkennt, wenn er sich selbst an die Stelle Gottes setzt. Die weitere Entwicklung wird sehr weit davon abhängen, inwieweit auch die religiösen Bewegungen ihre totalitären Denkansätze und Versuchungen abstreifen und dem Staat als Wahrer dieser weltlichen Ordnung seine Unabhängigkeit und sein Eigengewicht lassen. Die künftige Entwicklung wird sehr weitgehend davon abhängen, inwieweit es gelingt, eine neue Balance zwischen Staat und Religion zu finden, die beiden Feldern die ureigenste Betätigung überläßt und dabei dennoch ein konstruktives Miteinander ermöglicht. Eine totalitäre Bewegung mit dem Kampfruf gegen die Aufklärung und die Hoffnung, staatliche Funktionen in den religiösen Bereich zu integrieren, wird genauso scheitern, wie der Versuch des Staates, die religiösen Wertbezüge zu vertilgen und auf seine eigenen Ideologien umzupolen. Diese Erfahrung hat uns das 20. Jahrhundert jedenfalls gebracht und es ist nicht schwer, auch den umgekehrten Schluß zu ziehen: daß es den fundamentalistischen religiösen Bewegungen nur eine gewisse Zeit gelingen wird, die Ratio auszuschalten und Funktionen des Staates zu usurpieren.

3. Umbrüche am Ende des 20. Jahrhunderts

Die Perspektiven des 21. Jahrhunderts präsentieren sich heute völlig anders als noch vor fünf Jahren. Wir sind Zeugen einer dramatischen Zeitenwende. Probleme, die uns jahrzehntelang in erster Linie beschäftigt haben, schwinden aus unserem Bewußtsein: Der Dauerkonflikt zwischen Ost und West, die Gefahr eines großen dritten Weltkriegs mit einem atomaren Schlagabtausch der beiden Supermächte, die mühsamen Verhandlungen über Rüstungsbegrenzungen und Abrüstungen, die künstlichen Versuche der Koexistenz und Kooperation zwischen kommunistischen und kapitalistischen Ländern etc., etc. Im großen Beben der drei Jahre der »Stillen Revolution« sind diese Probleme wie vom Erdboden verschwunden. Gleichzeitig ist eine Fundamentalveränderung der Weltstruktur ins Blickfeld getreten, die wir erst in groben Umrissen erfassen können. Die Idee der Freiheit, der Selbstbestimmung, der Marktwirtschaft und der Demokratie haben sich mit einem Schlage weltweit ausgebreitet, während die kommunistischen Machtstrukturen genauso weltweit zusammengefallen sind. Vor unseren Augen hat sich die Sowjetunion, das letzte große eurasische Kolonialreich aus dem 19. und 20. Jahrhundert, in Windeseile aufgelöst. Und fast vergessene, zu neuem Leben erwachte Völker Europas und Asiens betreten die weltpolitische Bühne. Die diktatorischen Gesellschaftssysteme, die von den Fanatikern und Ideologen von gestern – Marxisten, Kommunisten und Sozialisten – in Jahrzehnten der

Gewaltherrschaft erbaut wurden, wurden vom Sturm der Geschichte erfaßt und sind wie Kartenhäuser zusammengefallen.

Daß diese »Stille Revolution« ohne größeres Blutvergießen stattfinden konnte, erfüllt uns immer noch mit Staunen, wenngleich uns der rauhe politische Alltag wieder eingeholt hat. Geistige Hilflosigkeit, materielle Not und tiefes Leid sind die traurigen Hinterlassenschaften, mit denen eine neue Generation fertig werden muß. Immer sichtbarer werden die Schäden, die Verkrümmungen, die Zerstörungen, welche die jahrzehntelangen Machtstrukturen menschenverachtender Diktaturen angerichtet haben: in Köpfen und Herzen der Menschen, in den Wohnungen, in den Städten und in der Landschaft. Aber es wird auch sichtbar, wieviel Anstrengungen und Kraft von den Menschen dort aufgebracht worden sind, um ein Stück Menschlichkeit zu bewahren, in den Ecken und Nischen der Gesellschaft, in der Familie, in der Kunst, in religiösen und philosophischen Gemeinschaften – wo immer es möglich war – und wieviel Schmerz und Leid erfahren wurde, von welchen sich Menschen in Freiheit kaum eine Vorstellung machen können. Aber auch im Westen wird nach der »Stillen Revolution« immer stärker sichtbar, daß trotz des Überlebens und der Funktionsfähigkeit seines Systems viele der eingefahrenen Werkzeuge und Denkmuster ausgedient haben; daß bei der Tiefe der anstehenden Probleme viele der bisherigen kleinen Anpassungsmaßnahmen nicht mehr reichen; daß viele Gewohnheiten und gar manche als »Errungenschaften« gefeierte Traditionen auf den Prüfstand gehören und daß Besinnung auf die Grundlagen unseres Lebens, unserer Werte, unserer Zielvorstellungen bitter vonnöten ist, wenn wir den Aufgaben der Zukunft auch nur annähernd gewachsen sein wollen; und daß wir wenig Zeit zu verlieren haben, wenn uns die Weltgeschichte bei dem eingeschlagenen Tempo nicht davonlaufen soll.

Das 20. Jahrhundert hat uns am Ende noch gewaltige Schnippchen geschlagen, deren Folgen wir noch nicht ganz nachvollziehen können. Vor wenigen Jahren glaubten wir noch, daß wir die Einigung Westeuropas in jedem Falle in diesem Jahrhundert schaffen werden – aber die Wiedervereinigung Deutschlands, wenn sie denn wirklich einmal kommt, doch wohl erst Aufgabe der nächsten Generation, also weit im nächsten Jahrhundert sein könnte. Es ist genau umgekehrt gekommen!

Die Befreiung Osteuropas vom sowjetischen Joch wurde in diesem Jahrhundert mehrmals versucht; weitere Versuche dürften, so glaubten wir, aussichtslos sein. Es ist anders gekommen: Heute sind nicht nur die Polen, die Tschechen, die Slowaken und Ungarn nebst den weiteren Staaten Osteuropas vom sowjetischen Griff befreit, sondern auch die kleinen baltischen Staaten, die fest in die Sowjetunion einverleibt waren und deren mögliche Selbständigkeit uns nicht im Traum eingefallen war! Noch vor wenigen Jahren glaubte kaum einer der vielen Rußlandexperten an einen wirklichen inneren Wandel der Sowjetunion. Niemals würden dort die Gedanken der Rechtsstaatlichkeit, der Demokratie und der Marktwirtschaft echt Fuß fassen können. Heute müssen wir bedenken: Rußland und die übrigen Nachfolgestaaten der Sowjetunion versuchen, neue Staaten auf den Prinzipien des Rechts und der Demokratie aufzubauen, so wie sie sie nach Lage der Dinge verstehen können; in jedem Falle ist die kommunistische Ideologie mit ihrer Gewaltherrschaft erst einmal hinweggefegt worden.
Vor einigen Jahren glaubte niemand, daß noch in diesem Jahrzehnt die Entkolonisierung des sowjetischen Reiches

stattfinden könnte. Heute stellen wir fest: Der Entkolonisierung des Westens in den ersten siebzig Jahren dieses Jahrhunderts ist nunmehr die Entkolonisierung des Ostens gefolgt; die ehemals niedergerungenen Völker in Osteuropa und Zentral- bzw. Ostasien sind heute wieder freie Völker auf der Bühne der eurasischen Geschichte! Glaubten vor einigen Jahren noch viele, die kommunistisch-sowjetische Ideologie ist zu einem festen Weltsystem geworden, mit dem wir aus eigenem Überlebensinteresse kooperieren und zusammenarbeiten müssen, so stellen wir heute fest: Diese Ideologie ist von innen heraus zusammengebrochen und ihre Exponenten müssen sich vor Gerichten und Tribunalen verantworten.

Aber auch im Westen wird sichtbar, daß das Eis, auf dem wir uns momentan bewegen, gefährlich dünn ist. Kaum ist uns die Angst vor der großen Auseinandersetzung der atomaren Supermächte USA und Sowjetunion genommen und der politische Alltag mit seinen wirtschaftlichen, innenpolitischen und außenpolitischen Problemen wieder eingekehrt, müssen wir mit Schrecken erkennen, daß wir noch außerordentlich hilflos im Umgang mit der neuen Situation sind. Wir stellen jetzt fest, welche große Leistung die Staatsmänner nach dem Zweiten Weltkrieg vollbracht haben, indem sie ein europäisch-amerikanisches Bündnis gezimmert haben, welches eine Ausrichtung unserer Politik auf die wesentlichen Überlebensfragen der vergangenen Jahrzehnte ermöglicht hat. Dieses war nur deswegen so erfolgreich, weil der Schrecken vor einer totalitären kommunistischen Weltstrategie jedem Mitglied die Einsicht vermittelte, daß nur die Gemeinsamkeit im Bündnis und eine entsprechende Solidarität das eigene Überleben garantiert. Zwar konnten wir uns dabei gemeinsam auf die geistigen Grundlagen des Menschenbildes der europäisch-amerikanischen Kultur beziehen und waren gleichermaßen von der Notwendigkeit von Freiheit, Demokratie und einem christlich und humanistisch ausgerichtetem Menschenbild überzeugt. Aber die Durchschlagkraft zu gemeinsamem Handeln scheint mehr aufgrund der Bedrohung als aufgrund der gemeinsamen Überzeugung ausgelöst worden zu sein. Dies wird jetzt deutlich sichtbar. Das Bündnis hat sich eingebildet, nach dem Zusammenbruch des sowjetischen Reiches erst einmal auf Urlaub gehen zu können, zumal man ja die internationalen Institutionen, wie z.B. die Vereinten Nationen, mit der Bewältigung der sogenannten »regionalen Krisen« betrauen kann. Daß die UN gerade in bestimmten Bereichen, wo auch die Interessen der großen Mächte zusammenstoßen, total überfordert sind und durch halbe Taten noch Schlimmeres anrichten, als wenn sie gar nicht interveniert hätten, wird die traurige Bilanz dieser verantwortungslosen Handlungsweise sein. Die UN, durch den Ost-West-Gegensatz und die Geburtsfehler der Konstruktion des Vetorechts der Großmächte über Jahrzehnte gelähmt, muß sich mühsam in die neue Rolle mit neu hinzugewonnen Handlungsspielräumen hineinfinden. Der Entscheidungsmechanismus und die einem Kollektivgremium tendentiell immer anhaftende Versuchung, der echten Verantwortung auszuweichen, führen zwangsläufig zu unzureichenden Ergebnissen, die in einem himmelschreienden Gegensatz zu dem Erwartungshorizont der Völker und dem von der UN proklamierten Gewaltmonopol stehen. Selbst da, wo Anfangserfolge zur Lösung schwieriger Probleme in einem Staat oder zwischen verschiedenen Staaten zu verzeichnen sind, droht die Gefahr, daß diese Erfolge wieder verspielt werden, weil die Aktionen zu kurzatmig geplant und organisiert sind, das Erreichen des ersten Etappenziels als komplette Zielerfüllung mißverstanden und die bitter notwendige Kraftanstrengung zur Fortsetzung des an sich richtigen Weges erlahmt ist oder gänzlich aussetzt. Hier fehlt es an bindenden Regeln,

an allgemein akzeptierten Kriterien und der Opferbereitschaft der Mitgliedsstaaten, den notwendigen eigenen Beitrag zu leisten.
Letztlich funktioniert heute eine Aktion nur, wenn die Großmächte, insbesondere die USA, die Führungsaufgabe übernehmen und mit dem Einsatz ihrer Macht weit überproportional in das Geschehen eingreifen. Das wurde im Golf-Krieg genauso sichtbar wie in der UN-Aktion für Somalia. Sowie sich die USA aus der Führungsrolle zurückziehen, bricht die Unzulänglichkeit der UN mit Vehemenz wieder auf und nimmt Ausmaße an, die den Vergleich mit dem Völkerbund zur Weimarer Zeit nahelegen. Nur ist die Lage heute viel gefährlicher: Damals wußte jeder, daß der Völkerbund über keinerlei Durchsetzungsmittel verfügte und insoweit hilf- und zahnlos war. Anders heute: weil die UN, durch sporadische Beschlüsse der Völkergemeinschaft legitimiert, Handlungsaufträge mit entsprechenden politischen und militärischen Macht- und Durchsetzungsansprüchen erhält, ihnen aber hilflos gegenübersteht, wenn nicht die USA oder das westliche Bündnis mit zur Seite springen, um die Durchführung der UN-Beschlüsse zu übernehmen. Dafür gibt es jedoch keine verbindlichen Regeln – im Gegenteil. Im Moment werden von den UN Beschlüsse mit der notwendigen Stimmenmehrheit im Sicherheitsrat gefaßt – aber durch fehlende Gemeinschaftssolidarität der Völker nicht durchgesetzt. Egoistische – leider oft sehr kurzsichtige Interessenpolitik der Großmächte, inklusive der USA und ihrer Bündnispartner, werden zum ausschlaggebenden Entscheidungsfaktor über die Realisierung von Beschlüssen des Sicherheitsrates. Für den schwächeren, für den in seiner Existenz bedrohten, von Nachbarn angegriffenen Staat verwandeln sich auf diese Weise UN-Beschlüsse zur Katastrophe, manchmal zur Tragödie: Man entzieht dem schwächeren, angegriffenen Staat durch ein Scheinengagement der UN seine eigene Handlungsfähigkeit, seine

letzten Kräfte zur Selbstverteidigung – z.B. durch ein Waffenembargo der internationalen Gemeinschaft –, währenddessen die internationale Gemeinschaft in Wirklichkeit das Feld vollends dem Angreifer überläßt, der dadurch mit krimineller Energie, mit List und Entschlossenheit seine Ziele um so schneller und gründlicher erreicht als ohne die Einmischung der Vereinten Nationen. In den Zeiten des Kalten Krieges zwischen Ost und West war dies anders. Jeder Staat der Gemeinschaft, ja die Gemeinschaft selbst kannte die Grenzen ihrer Handlungsfähigkeit durch das in bestimmten Auseinandersetzungen voraussehbare Veto der Sowjetunion oder der Volksrepublik China. Daß aber nach dem Ende des Kalten Krieges die westlichen Nationen unkalkulierbar werden, weil sie den moralischen Konsens der Charta aufgekündigt und jeweils nach opportunistischen Umständen ihre eigene Interessenlage – auch wenn sie sich dadurch in einen krassen Widerspruch zu feierlich proklamierten Grundsätzen stellen – zum alleinigen Maßstab ihres Engagements machen, ist in der Tat eine verhängnisvolle Entwicklung. Es war auch für kleinere Staaten nicht voraussehbar, daß jetzt der Westen mit seinen Bündnissen völlig unkalkulierbar geworden ist und es nicht verhindert, daß rechtlich wirksame UN-Beschlüsse zu völlig unverbindlichen Deklarationen ohne Folgewirkungen abgleiten. Bosnien-Herzegowina ist das erste tragische Opfer dieser verhängnisvollen Entwicklung.

4. Die Katastrophe auf dem Balkan – eine schwere Hypothek

Der Krieg auf dem Balkan ist ein lebendiges Beispiel dieser Fehlentwicklung. Es ist unfaßlich, daß die westlichen Demokratien offensichtlich nicht bemerkt haben, daß sie durch ihre Handlungsweise der Autorität der UN schwersten Schaden zugefügt haben – mit unabsehbaren Konsequenzen für die Zukunft. Noch schlimmer ist, daß die europäischen Staatsmänner nicht bemerkt haben, daß sie durch ihr prinzipienloses Verhalten nicht nur die Probleme auf dem Balkan zu einem schier unlösbaren Knäuel haben anwachsen lassen, sondern daß sie durch ihr Verhalten die künftige Sicherheit Europas nachhaltig gefährdet und dem Gedanken der europäischen Einigung schwersten Schaden zugefügt haben. Dieser Schaden ist auch durch die Verträge von Maastricht nicht wettzumachen, denn dieser Schaden ist nicht nur politisch, nicht nur rechtlich, nicht nur wirtschaftlich; dieser Schaden rührt an die geistigen und kulturellen Grundlagen Europas und stößt diesen Kontinent mit seiner politischen Zielsetzung, seinen Idealen, seinem weltweit verkündeten Menschenbild und den daraus abgeleiteten Menschenrechten in die tiefste Glaubwürdigkeitskrise seit Beginn des europäischen Einigungswerkes in der zweiten Hälfte dieses Jahrhunderts. Natürlich hat jedes Land seine eigenen Begründungen für die passive Zuschauerrolle. Die Deutschen tragen ihre Verfassung mit gekünstelten Interpretationen vor sich her, um ihren Partnern verständlich zu machen, daß sie nicht anders handeln könnten; hinzukommt noch die absurde Begründung, daß sie, weil sie vor 50 Jahren Schreckliches getan haben, nunmehr von einem solchen partnerschaftlich-solidarischen Eingreifen im Auftrag der UN, zusammen mit den übrigen Bündnispartnern, dispensiert sind. Daß wir Deutsche ganz im Gegenteil besonders hellhörig sein müßten, wenn ähnlich Schreckliches geschieht, und nicht ruhen und rasten dürften, bis ein so grausamer Völkermord in unserer unmittelbaren Nähe abgewendet wird, scheint völlig verdrängt zu werden. Wo bleibt eigentlich die »Friedensbewegung« , welche mehr als einmal mit Hunderttausenden von Menschen gegen die Verteidigung unseres Landes zu Felde zog, weil sie gegenüber jeder Art von Krieg und Tötung absolute moralische Maßstäbe setzte? Diesmal handelt es sich nicht *um die Gefahr* oder *die Möglichkeit*, daß es Tote geben könnte – nein, seit anderthalb Jahren geht es ganz real um Hunderttausende von Toten, Gemordeten, Gequälten, Geschändeten und Vertriebenen, die ihre verbrannte Heimat verlassen »durften«! Zur methodischen Passivität der europäischen Politik gesellt sich hier das völlig unverständliche Schweigen einer deutschen Bewegung, die sonst bei jeder Gelegenheit von sich Reden machte. Da kommen einem schon merkwürdige Gedanken; war bei den früheren Aktivitäten letzlich doch mehr die Ideologie als die Menschlichkeit im Spiel – eine Ideologie, die des Rasters des Ost-West-Gegensatzes, der Dialektik von Kapitalismus- und Sozialismus-Theorien oder gar des puren Anti-Amerikanismus bedurfte, um ihre Truppen zu mobilisieren? Dies wäre allerdings im Nachhinein eine vernichtende Offenbarung der gänzlichen Abwesenheit moralischer Kategorien, was man insbesondere jenen nicht zugetraut hätte, die aus dem kirchlichen Raum zur Friedensbewegung gestoßen waren.

Und die anderen Europäer, mit längeren demokratischen Traditionen als wir? England und Frankreich machen nationale Interessenpolitik, wie im 19. Jahrhundert – als gäbe es die Entwicklung zu einer gemeinsamen Politik in Europa überhaupt nicht. Da kommen wieder die Zeiten der Entente cordiale zum Vorschein mit dem Ziel, einen angeblich gefährlichen Einfluß Deutschlands in Südosteuropa in Schach zu halten; alte freundschaftliche Bande mit den Serben werden dafür reaktiviert und ein schrecklicher Völkermord wird geflissentlich übersehen.

Diese aus der Vergangenheit bestimmte Politik zeigt erschreckend deutlich, wie wenig europäisches Denken –

abgesehen von den wirtschaftlichen Kategorien – bisher ins Bewußtsein gedrungen und in reale Politik umgesetzt worden ist. Gemeinsam berufen sich die europäischen Diplomaten auf das Nichthandeln des jeweils anderen und die Unmöglichkeit, gegen die Mehrheitsmeinung der in der Europäischen Gemeinschaft vereinigten Länder etwas auszurichten. Dieses unwürdige Spiel, die Verantwortung jeweils hin- und herzuschieben, und am Schluß jeweils formell der UN zu übertragen, genau wissend, daß die UN nicht in der Lage ist, hier Entscheidendes zu verändern, macht die ganze Rhetorik Europas so makaber.

Die Amerikaner sind in dieser Frage bereits im Jahre 1991/92 auf Urlaub gegangen und wollten, neben den übrigen weltweiten Engagements nicht noch zusätzlich wegen dieser Frage gestört werden. Man kann das verstehen, wenn man bedenkt, daß es sich immerhin um ein Schlachtfeld handelt, das mitten in Europa liegt und welches insbesondere die europäischen Länder und ihre Gemeinschaft etwas angeht. Als durch die öffentliche Meinung in den Vereinigten Staaten der Druck größer wurde, hat man einen erneuten Anlauf im Mai 1993 genommen, um gemeinsam mit den europäischen Verbündeten eine härtere Gangart gegenüber den großserbischen Eroberern einzuschlagen. Der Erfolg war sofort sichtbar: der bosnische Serbenführer Karadzic, der ohne Skrupel die Vernichtung der Zivilbevölkerung hauptverantwortlich mitträgt, hat sich plötzlich zur Unterschrift des Vance-Owen-Plans bereiterklärt, um die drohenden Luftangriffe, die von Amerika angekündigt worden sind, zu verhindern oder wenigstens hinauszuschieben. Als dann die Europäer in einen offenen Dissenz zu den Vereinigten Staaten gingen und jegliche militärische Intervention, auch aus der Luft, ablehnten, bildeten sich die USA ein, nunmehr ihre Schuldigkeit getan zu haben. Durch diese politischen Entscheidungen, mit denen die Vorstellungen der USA und die Bereitschaft, dafür auch die Hauptlast zu tragen, abgelehnt worden sind, trägt Europa nunmehr eindeutig die Verantwortung für das Desaster auf dem Balkan. Wer meint, er würde etwa der Sache genügen, wenn er eisern daran festhält, daß, formal gesehen, die durch Aggression eroberten Gebiete nicht legalisiert werden dürften, hat die Berührung zu den wirklichen Ereignissen in Bosnien längst verloren. Nur durch militärische Eingriffe hätte man die Serben dazugebracht, wenigstens ihre militärischen Operationen einzustellen, während man nach weiteren Friedenslösungen sucht. Doch man hat – im Wissen um die Konsequenz? – den Sündenfall begangen, sich mit den Mördern ohne jede Bedingung an den Tisch zu setzen, um dabei zuzusehen, wie sie während der monatelangen Verhandlungen auf bestialische Weise ein Ziel nach dem anderen, das sie sich gesetzt haben, erreichen. Auf diese Weise hat die Internationale Staatengemeinschaft das Gegenteil erreicht: die Aggressoren sind im Vollgefühl des Sieges praktisch nicht mehr zu stoppen; die Halbverlierer, die Kroaten, kamen zu dem Schluß: jetzt gilt nur noch das Recht des Stärkeren, also jetzt noch schnell die eigenen Interessen durchzusetzen, ist die einzig realistische Haltung; währenddessen der Betroffene, der bosnische Staat und die bosnische Bevölkerung, von der Staatengemeinschaft schmählich im Stich gelassen wurde. Wehe, wenn die jetzt ihrer Familien beraubten und aus ihrer Heimat entwurzelten jungen Männer und Frauen die Lektion lernen werden, daß nur die Waffe in der eigenen Hand die rechtmäßigen Ansprüche wiederherstellen kann!

Daß die Internationale Staatengemeinschaft ausgerechnet dem angegriffenen Volk jegliche Waffe, die es zu seiner eigenen Verteidigung dringend gebraucht hätte und um die sie uns flehentlich gebeten haben, vorenthält, währenddessen den

Serben die Munitionsläger, die gesamte Ausrüstung an Panzern, Artillerie von der ehemals jugoslawischen Armee voll zur Verfügung stehen, ist ebenfalls unfaßbar. Hier wird das internationale Völkerrecht auf das Gröbste verletzt, denn die UN hätte einen solchen Beschluß nur fassen dürfen, wenn sie im gleichen Akt durch eigene Kräfte dafür sorgen würde, daß der Aggression Einhalt geboten und die Rechte des bosnischen Staates gewahrt werden. Solange dies nicht geschieht, hat die bosnische Regierung zu Recht auf Artikel 51 der UN-Charta hingewiesen, daß es eine Völkerrechtsverletzung ist, ihnen die Möglichkeit der Verteidigung aus der Hand zu schlagen. Diese Beschlüsse sind deswegen so makaber, weil dieser Krieg ja nicht gegen eine voll ausgerüstete bosnische Armee geführt wird, sondern vorwiegend gegen die bosnische Zivilbevölkerung, die niedergemacht, liquidiert oder vertrieben wird, wenn die verbliebenen bosnischen Truppen aus Mangel an Kriegsgerät und Munition mit ihrer Kampfkraft jeweils am Ende sind. Angesichts dieser Situation zu sagen, daß die Aufhebung des Waffenboykotts die Kämpfe vielleicht noch schlimmer machen würde und insbesondere die Zivilbevölkerung darunter zu leiden hätte, ist ein beispielloser Zynismus Europas. Auf Dauer kann man nicht glauben, daß diese Auffassung nur Unkenntnis der wirklichen Lage ist. Natürlich werden die Kämpfe immer geringer werden, je weniger die bosnischen Moslems zu ihrer Verteidigung ausrichten können, und je mehr die Serben ihrer Zielsetzung, die bosnische Bevölkerung zu liquidieren, näherkommen. Heute hören wir noch die gellenden Schreie derjenigen, die verbrannt, ermordet oder vertrieben werden. Es ist wahr, bei der Konsequenz der europäischen Politik werden die Kämpfe im Laufe dieses Jahres immer geringer werden: bis die Mörder ihr Handwerk vollendet haben. Doch der nächste Winter wird furchtbar werden! Das zeitliche Zusammentreffen der Eröffnung des Holocaust-

Museums in Washington, wo sich die politischen Würdenträger heilige Eide geschworen haben, daß »so etwas nie wieder passieren darf«, mit der hellodernden Hölle von Bosnien, wo zur gleichen Zeit Kinder, Männer und Frauen gequält, gejagt, vertrieben und ermordet werden, wo die systematische Vernichtung einer großen europäischen Volksgruppe und die restlose Zerstörung ihrer Städte und Dörfer, ihrer Kultur und Zivilisation zum Kriegsziel erhoben und Schlag auf Schlag unter unseren Augen realisiert wird, könnte ein Menetekel sein. Nicht daß damit die Einzigartigkeit der nationalsozialistischen Barbarei relativiert wird; diesen traurigen Ruhm der Einzigartigkeit wird Deutschland behalten! Aber daß im gleichen Jahrhundert das Fehlverhalten der westlichen Demokratien in den 30er Jahren eine Wiederholung in den 90er Jahren erfährt und die Schuld um so größer ist, als uns die historische Erfahrung der Ereignisse der 30er Jahre ausreichend zur Verfügung steht und zum anderen der Einsatz der Hilfe unvergleichlich viel weniger riskant ist, als er gegenüber Hitler-Deutschland gewesen wäre – zumal damals die westlichen Demokratien alles andere als gerüstet waren –, läßt an der Lernfähigkeit der zivilisierten Welt zweifeln. So erhalten wir am Ende dieses Jahrhunderts noch einen Schlag ins Gesicht, der uns allen die Schamröte ins Gesicht treiben sollte. Es ist nicht unwahrscheinlich, daß dieses schlimme Beispiel, wo die freche Provokation der Barbarei die Siegespalme erhält, noch eifrige Nachahmer in anderen Gegenden des eurasischen Kontinents finden wird – Regionen, die unter ähnlichen Bedingungen von Mehrheiten und Minderheiten und verschiedener kultureller, ethnischer und religiöser Vielfalt leben.

Die Elemente für solche Katastrophen liegen überall offen auf der Straße: Mehrheiten und Minderheiten verschiedener Volksstämme, verschiedene Religionen und Kulturen, die friedlich zusammenleben, aber durch solche Ereignisse in furchtbaren Haß gegeneinander aufgeputscht werden können. Altkommunistische orthodoxe Ideologen, die den Untergang des Kommunismus nicht verwinden können, und enttäuschte Militärführer, welche der früheren Glorie der roten Armee mit allen ihren Siegeszügen nachtrauern. So lassen sich aus diesen oder anderen Elementen sehr schnell ähnliche explosive Gemische herstellen, wie dies im ehemaligen Jugoslawien der Fall ist. Daß diese furchtbaren Ereignisse in Bosnien-Herzegowina einen Staat vernichten, der trotz überwiegend muslimischer Bevölkerung ein von der Religion emanzipierter lazistischer Staat mitteleuropäischen Zuschnitts sein wollte, wird fatale Folgen haben. Damit ist ein zukunftsträchtiges Modell friedlichen Zusammenlebens von Moslems und Christen in einem europäisch orientierten Rechtsstaat untergegangen. Durch die Tatenlosigkeit des angeblich »christlichen« Europas wurde jenen Extremisten in die Hände gearbeitet, die durch messianistische Glaubenskriege, skrupellosen Terrorismus und ideologisch begründete Schreckensherrschaft ihre Geschichtsvisionen realisieren wollen. Palästina und der Gazastreifen lassen grüßen. Bassam Tibi, Professor für Sozialwissenschaften an der Universität Göttingen, wird in seinen Veröffentlichungen nicht müde, auf die gefährliche Dynamik einer unheilvollen Auseinandersetzung zwischen den beiden Religionen und den Folgen für das Schicksal Europas hinzuweisen. Als nach dem Europa-Gipfel in Kopenhagen im Juni 1993 der Zynismus der westeuropäischen Balkan-Politik offenkundig wurde, urteilte eine osteuropäische Stimme aus Warschau (Gazeta Wyborcza) nüchtern und hellsichtig zugleich: »Vor unseren Augen wird Bosnien aufgeteilt. Von der politischen Karte Europas verschwindet ein von der Weltöffentlichkeit anerkanntes UNO-Mitglied. Die Lehre aus Bosnien wird genau von anderen studiert. Es hat sich herausgestellt, daß mit Waffengewalt die Grenzen geändert und ein Staat beseitigt werden kann. Von Siebenbürgen bis Tadschikistan werden viele nationalistische Führer daraus eigene Schlußfolgerungen ziehen, aber die Folgen der Niederlage in Bosnien werden auch demokratische Nationen in Europa zu spüren bekommen. Naiv wäre die Hoffnung, daß die zynische Ablehnung der fundamentalen europäischen Grundwerte in der Außenpolitik ohne Einfluß auf die Innenpolitik dieser Staaten bleiben kann. Das haben jene Kräfte gut verstanden, die die Türken in Deutschland verbrennen, Zigeuner in der Tschechei verfolgen und die Araber aus Frankreich vertreiben wollen. Wenn in Europa kein Platz für Sarajewo ist, kann sich ganz Europa in ein großes Sarajewo verwandeln.«

Wie dem auch sei, ob es nun Nachahmer geben wird oder ob man in der Lage sein wird, künftig ähnliche Entwicklungen einzudämmen, eines steht fest: Die Katastrophe auf dem Balkan mit ihren Folgen für Europa und die Welt wird die schwerste politische Belastung Europas sein, die durch unsere Schuld geschaffen und dem 21. Jahrhundert als Hypothek übergeben wird.

5. Hat die Demokratie »gesiegt«?

So zeigt sich das 20. Jahrhundert an seinem Ende mit einem Doppelgesicht: Überraschenderweise hat es noch sehr viel mehr der großen Schäden wieder weggeräumt, die durch die verhängnisvollen Ideologien des 19. und 20. Jahrhunderts mit ihren politischen Folgen angerichtet worden sind. Viele Probleme, die wir getrost dem 21. Jahrhundert überlassen wollten, sind nun urplötzlich die Probleme unserer eigenen Generation geworden. Aber der neue Handlungsspielraum wurde von uns nicht klug und weitsichtig genutzt. Die Zeit nach der

»Stillen Revolution« zeigt deutlich, daß uns fundamentale Fehler unterlaufen sind und daß unsere Geschichte offensichtlich weiterhin ein Drama bleibt, mit allen Möglichkeiten vom Guten bis zum Schlimmsten. Insoweit teile ich nicht die Gedanken von Francis Fukuyama, der in seinem Buch »Das Ende der Geschichte« geschrieben hat, daß der Siegeszug der liberalen Demokratie nach dem Zusammenbruch des Kommunismus zu einer grundsätzlich neuen geschichtlichen Situation führen wird. Er spricht vom »Ende der Geschichte« im Sinne einer zielgerichteten Menschheitsgeschichte, die durch diesen Siegeszug auf ihren Endpunkt (Hegel!) zustrebt. Daran knüpft er die Spekulation, daß der Mensch, der sich nicht mehr im Kampf gegen Tyrannen und Diktaturen messen und bewähren kann, neue Kämpfe erfinden wird. Am Ende kämpft er dann auch gegen Frieden, gegen Wohlstand und selbst gegen die Demokratie, weil der Mensch ein Leben ohne Kampf und damit auch ohne Bewährung und Anerkennung nicht aushält. Mag sein, daß das Leben in der Demokratie die Gefahr in sich birgt, daß der Mensch in einer Gesellschaft, die von grenzenloser Freiheit, Wohlstand und Überfluß geprägt ist, der positiven Werte und Maßstäbe überdrüssig wird und schon aus reiner Neugier nun von innen an den Fundamenten der demokratischen Gesellschaft rüttelt. Fukuyama knüpft hier an die Studentenrevolte Ende der 60er Jahre an und erwähnt die häufiger werdenden Konfrontationen jugendlicher Gruppen mit der Polizei, die in einer Gesellschaft ohne Ideale auf diese Weise um Anerkennung ringen. Nun war ja gerade die Studentenrevolte ein Ausfluß höchst idealistischer Überlegungen, wenngleich die Studenten damals überholte Idealmuster aus der Vergangenheit hervorkramten und keine sehr zukunftsträchtigen, realitätsbezogenen Konzeptionen vorzuzeigen in der Lage waren. Aber auch generell bin ich gegenüber den Überlegungen des Francis Fukuyama eher skeptisch. Die strukturelle Dynamik, die unsere Gesellschaft erfaßt hat, spült so viele Herausforderungen und Probleme an die Oberfläche, daß die Verantwortlichen der kommenden Generationen innerhalb eines liberalen Demokratiesystems einer riesigen Portion Mut, Entscheidungskraft und Orientierung bedürfen, um sich selber und die Gesellschaft über Wasser zu halten. Und dazu bedarf es gerade des Maßstabes konkreter Wertorientierungen und großer, auch quantitativer Leistungen und Anstrengungen, die den Verdruß und die Langeweile der Menschen vertreiben werden; und wo diese Herausforderung nicht begriffen oder nicht bestanden wird, wird es auf Dauer einen radikalen Umbruch im politischen System geben. Das theoretisch schönste Modell der liberalen Demokratie könnte leicht hinweggespült werden – gegebenenfalls sogar zurück in archaisch-barbarische Zustände, wie dies schon öfter in der Geschichte der Menschen durch Erfahrungen belegt ist. Aber auch die universelle Durchsetzung der liberalen Demokratie auf dieser Welt wird noch gute Weile haben. Der Weg zu dieser ausgereiften Demokratieform hat in Europa über ein halbes Jahrtausend gedauert. Bei den neuerwachten, selbständigen Staaten ohne demokratische Traditionen wird es zumindest Jahrzehnte dauern, bis man von einem echten System der liberalen Demokratie sprechen kann. Und auch dann werden sie nicht exakt unser System, sondern ein ihnen entsprechenderes entwickelt haben. Die Wahrscheinlichkeit, daß diese Völker zunächst dieses Ziel gar nicht erreichen, sondern sehr viel längere Zeitspannen brauchen werden, ist nicht gering. Die Chance, daß auch die nächsten Generationen durchaus Gelegenheit haben werden, sich im echten Kampf um Freiheit und Demokratie bewähren zu müssen, scheint mir sehr groß. Es wird eher die Frage sein, welche Völker diese Kämpfe im 21. Jahrhundert zu einem positiven Ergebnis geführt haben werden.

Auch bei uns ist die Aussicht, daß wir als friedliche, liberale Demokratie sachte ins nächste Jahrhundert gleiten werden und unsere unverbesserlichen Idealisten und Kämpfer sich andere Schlachtfelder aussuchen müssen, nicht eben wahrscheinlich; denn langsam spürt es jeder: Die Zeiten, wo wir immer mehr Freizeit haben, immer weniger arbeiten, immer weiter steigende Löhne, immer mehr Einkommen und Wohlstand genießen können, gehen mit rapiden Schritten zu Ende. Der Traum einer Freizeitgesellschaft, die sich ihren immer höher geschraubten Ansprüchen hingibt, während um uns herum dramatische Ereignisse abrollen, die wir nicht weiter zu beachten brauchen, ist, so glaube ich, endgültig ausgeträumt. Wir sind bereits in stürmische Gewässer geraten. Viele sitzen noch genüßlich im Schiffsrestaurant und wollen den nächsten Gang bestellen, während andere sich bereits auf den härteren Seegang einstellen. Und die Mannschaft (Leistungsträger!) schaut etwas erschrocken zur Brücke, um festzustellen, ob »die da oben« die Wetterveränderung denn auch schon bemerkt haben, – es fehlen offensichtlich noch eindeutige Signale. Wenn wir eine gute Chance haben wollen, uns im 21. Jahrhundert zu bewähren, dann stehen wir unabänderlich vor dem Zwang einer fundamentalen Veränderung unserer Prioritäten und vor einer Revision vieler Denkmuster, an die wir uns in den letzten Jahrzehnten so angenehm gewöhnt haben. Heinz Eggert faßt in seinem Artikel in der »Welt« vom 19.12.1992 (»Geistige Welt«,G1) schlüssig zusammen: »Vieles, was die Menschen 1989 geängstigt hat, ist heute verschwunden. Anderes ist geblieben. Neues ist hinzugekommen. Die Grundauseinandersetzung aber bleibt. Die Lektion dieses Jahrhunderts lautet: Demokratie gibt es nicht ohne Anstrengung, Nachdenken und Engagement. Rückgrat und Zivilcourage werden immer gebraucht werden. Auch heute.«
Ich möchte hinzufügen: besonders heute.

Das 21. Jahrhundert hat die Tür schon aufgestoßen

Viel Zeit zum Genießen der segensreichen Veränderungen der »Stillen Revolution« hat uns die Geschichte also nicht gelassen. Das gewaltige Beben wurde durch einen Orkan abgelöst, der mit großer Stärke um den Erdball fegt. Vor unseren Augen versinken bekannte Landschaften und ein neues Panorama erscheint in immer deutlicheren Umrissen am Horizont: das 21. Jahrhundert steht vor uns. Sein Anspruch an die Menschheit wird bedrohlich konkret: Wer schläft, verschläft; wer spielt, verspielt; wer in gewohnter Richtung einfach weiterläuft und -rennt, wird sich hoffnungslos verlaufen und verrennen.

Noch nie in der Geschichte ist die Menschheit insgesamt vor einer solchen Fülle von Herausforderungen gestanden. Nach dem Verschwinden des Ost/West-Gegensatzes und dem Aufbruch neuer Hoffnungen für die Völker der Welt werden neue Probleme, Sorgen und Ängste sichtbar: Rückfall in Nationalismus und Partikularismus, Abschottung der reichen von den armen Völkern, Bedrohung der Menschen durch neuen Haß und Fanatismus, durch Bürgerkrieg und Gewalt. Überall, sowohl in den westlichen Industriestaaten als auch in den Ländern des ehemals sowjetisch-kommunistischen Weltreiches, im noch kommunistischen China, in Japan, in den südostasiatischen und südamerikanischen Schwellenländern, im Nahen Osten, in den verarmten afrikanischen Ländern, – überall ist ein jeweils spezifischer und unterschiedlicher, dringlicher Handlungsbedarf, um nicht von der Flut der steigenden Probleme überspült zu werden. Hinzu kommen allgemeine, globale

Probleme, wobei wir immer deutlicher feststellen, daß Maßnahmen einzelner Länder nicht ausreichen werden. Dazu gehören die ökologischen Probleme unseres Planeten, die Bevölkerungsexplosion und die damit zusammenhängenden Nahrungsmittel- und Wanderungsprobleme, die Verwerfungen der Demographie, welche Generationenverträge auf gleicher Basis zunehmend unmöglich machen; und schließlich die noch nicht ausreichend weit entwickelten zwischenstaatlichen Regeln des Zusammenlebens, die nach dem heutigen Stand zur Lösung von Auseinandersetzungen offensichtlich völlig untauglich sind, wenn ein Volk, ein Stamm, eine Clique, eine Rasse, eine Kaste, eine Sekte, ein ideologisch fanatisiertes Kollektiv zur Gewalt greift und sich um keine Regel des zivilisierten Zusammenlebens der Menschen kümmert. Die Utopie, daß dieses Jahrhundert Menschen hervorbringt, welche – wenn die Ideologien des Faschismus und des Kommunismus erst einmal besiegt sind – nur noch friedfertig in einem Garten Eden zusammenleben werden, geht angesichts der grausamen Ereignisse bei uns wie überall in der Welt mehr und mehr sichtbar dem Ende zu. Aber genau diese Illusion hat die demokratischen Staaten gerade in einer Zeit allerwichtigster Weichenstellungen Monat um Monat gelähmt und daran gehindert, neuer Gewalt von Anfang an und energisch entgegenzutreten. Die westlichen Demokratien haben sich damit begnügt, große Entwürfe friedlichen Zusammenlebens zu proklamieren, die amerikanische Administration sprach von der notwendigen »neuen Weltordnung« und die Europäer berauschten sich an dem von ihnen geschaffenen System der KSZE; solche Zukunftsentwürfe können verantwortliches Handeln nicht ersetzen. Solange keine konsequenten und krisensicheren Mechanismen konzipiert und dann auch in die Tat umgesetzt werden, führt die reine Proklamation zur Diskreditierung aller solcher Entwürfe. In vielen Fällen wurden diese

Utopien und Proklamationen allerdings auch deshalb von den verschiedensten politischen Kräften und Meinungsbildnern in die Welt gesetzt, um die eigene Sorglosigkeit und Bequemlichkeit, den Egoismus und die Feigheit, sich der Gewalt sofort mit Entschiedenheit entgegenzustellen, mit idealistischer Friedenstünche zu übermalen. Angesichts der Vorgänge auf dem Balkan, welche die ganze Hilflosigkeit der westlichen Demokratien offengelegt haben, wobei auch Deutschland ein gerüttelt Maß an Schuld trifft, klingen diese Friedensbekenntnisse wie hohle Worte, die nur Sarkasmus hervorrufen werden. Auch Europa mit seiner Konzeption zur politischen Einheit des Kontinents wird sehr aufpassen müssen, daß nicht sein ganzes Konzept auf Grund seiner unverantwortlichen Tatenlosigkeit gegenüber dem Balkan in einen solchen Strudel gerät.

1. Aufgaben in Deutschland

Die Wiedervereinigung Deutschlands ist und bleibt ein Wunder. Nachdem man sich in West und Ost relativ gut eingerichtet hatte, war der Glaube an den oft beschworenen Vorgang der Wiedervereinigung weitgehend geschwunden. Nicht nur das: die Völker des Westens wie auch des Ostens waren eher mißtrauisch, diese beiden Staaten wieder zu einem Deutschland zu vereinigen. Könnte dies nicht die alte deutsche Vormachtstellung in Europa wieder errichten und damit die Weichenstellungen des Nachkriegseuropas in entscheidenden Punkten erschüttern? Das Mißtrauen gegenüber einer solchen Entwicklung war überall zu spüren. In Deutschland selbst war es nicht viel besser. Die meisten Politiker hatten die Wiedervereinigung bereits abgeschrieben und hielten sie für eine Illusion, der man nur noch verbal seinen Tribut zollte. Aber auch dieser verbale Tribut bröckelte bereits so weitgehend ab, daß diejenigen, die sich der Präambel des Grundgesetzes verpflichtet fühlten, langsam isoliert und als die ewig Gestrigen diffamiert worden sind.

Auf der Jagd nach den »Realitäten« – eine deutsche Gespenstergeschichte

Daß die Idee der Freiheit, der Selbstbestimmung, der Marktwirtschaft und der Demokratie so elementare Kräfte entfalten können, wenn eine Situation geschichtlich reif ist, hat die »Realpolitiker«, die sich hüben und drüben auf die »realen Machtverhältnisse« eingerichtet hatten, erschreckt und ihre ansonsten zur Schau gestellte Überlegenheit verunsichert.

Der historischen Wahrheit halber ist es angebracht, hier eine kleine Rückblende einzufügen. Diese »Realpolitiker« waren nämlich munter dabei, den Zeitgeist seit den 70er Jahren in Westdeutschland voll zu vereinnahmen – und zwar auf allen Gebieten: in der Politik, in den Wissenschaften, in den Medien, bei vielen Intellektuellen und Künstlern. Heinz Eggert, der sächsische Innenminister und ein Gebrandmarkter des DDR-Regimes, führte in dem schon erwähnten Aufsatz in der »Welt« vom 19.12.1992 zutreffend aus: »Der Anti-Anti-Kommunismus nahm Formen an, die nicht anders zu bezeichnen waren als Schönfärbereien der tatsächlich bestehenden Verhältnisse im real existierenden Sozialismus. Die besondere Situation einer gespaltenen Nation führte bei nicht wenigen zu einem Wirklichkeitsverlust über die Zustände in der DDR. Um der Entspannungspolitik willen verzichtete man darauf, den Finger in die Wunden zu stecken.
Das Wesen der DDR hatte sich zwischen 1949 und 1989 nur unerheblich geändert; die Sicht im Westen auf das System

jedoch entscheidend. Gipfelpunkt dieser Appeasement-Politik war die Diskussion über die Auflösung der ›Zentralen Erfassungsstelle‹ über Verbrechen im SED-Staat in Salzgitter, die beklagenswerterweise mit der Einstellung der Zahlungen der SPD-regierten Länder endete... Bei der Bewertung der Zustände in der DDR orientierte man sich am Selbstverständnis der SED/DDR. So spielten die Unterdrückungsmethoden des Ministeriums für die Staatssicherheit in der Forschung praktisch keine Rolle. Erst auf der ›23. Tagung zum Stand der DDR-Forschung‹ wurde der Staatssicherheitsdienst thematisiert. Das war im Juni 1990!
Ebenso beschämend ist die Tatsache, mit welcher Blindheit die Medien der Bundesrepublik gegenüber der alten DDR geschlagen waren. Die Tendenz, möglichst stabilitätsorientiert zu berichten, führte zu freiwillig-unfreiwilligen Täuschungen der Leser. Die wenigen Journalisten dagegen, die sachlich und stets gut informiert über die Staatssicherheit berichteten, mußten sich immer wieder als ›Kalte Krieger‹ beschimpfen lassen.« (Ende des Zitats)
Diese Feststellungen treffen die Wahrheit; sie müssen uns hier im Westen mit Scham und Trauer erfüllen. Sie zeigen deutlicher als alles andere die ungefestigte Moral und Parteilichkeit unserer intellektuellen Klasse, sie zeigen auch die Zerbrechlichkeit unserer viel beschworenen Ideale und Grundwerte, wenn es in der geschichtlichen Realität zum Schwur in der politischen Praxis kommt. Heute ist man erstaunt, wie viele angebliche »Widerstandskämpfer« es im Osten gegeben haben soll, insbesondere wie viele sich mit dem Regime arrangiert hatten, nur »um den Unterdrückten zu helfen«; auch aus dem kirchlichen Bereich erlebt man da »Überraschendes«. Das gleiche im Westen: wie viele Leute um Honecker und Mielke herumscharwenzelten, um angeblich den »Brüdern und Schwestern in der DDR« zu helfen, in Wirklichkeit aber gute Geschäfte

machen oder als Politiker die eigenen Wahlaussichten verbessern wollten!

Auch ein großer Teil unseren Medien hat sich in dieser Frage nicht mit Ruhm bekleckert. Der vielgerühmte »investigative« oder »engagierte« Journalismus hat wenig davon gehalten, was er versprach. Sofern man sich überhaupt um Recherchen bemühte und nicht gleich seinen Vorurteilen freien Lauf ließ, hörte das Engagement sehr schnell auf, wenn das Ergebnis der Recherche gegen den Zeitgeist stand. Es lohnt sich wirklich, die vielen Artikel in der »Zeit«, vor allem auch von Theo Sommer aus früheren Jahren nachzulesen, um nun einmal schwarz auf weiß zu erleben, was man dem deutschen Publikum alles aufgetischt hat. Ich selbst hatte ähnliche Erfahrungen im ZDF-Fernsehrat, wo ich als Ausschußvorsitzender des »Ausschusses für Politik und Zeitgeschehen« das Magazin »Kennzeichen D« als Dauerthema im Ausschuß zu beraten hatte. Ursprünglich war dieses Magazin als Informationsquelle gedacht, um West-Deutsche und natürlich auch die DDR-Bürger selber über ihre eigene Lage aufzuklären und dabei gleichzeitig Informationen aus der Bundesrepublik für die Bürger in der DDR zu übermitteln. Doch dieser Auftrag änderte sich mit den Jahren gewaltig. Mit dem politischen System der Bundesrepublik beschäftigte man sich »kritisch«, »engagiert« und nicht selten sogar zynisch, währenddessen man dem System der DDR eher Verständnis und Wohlwollen entgegenbrachte. Von dem kritischen Eifer, wie er gegenüber Ereignissen oder Verhältnissen in der Bundesrepublik entgegengebracht wurde, war gegenüber der DDR nichts zu spüren. Das Ergebnis war daher oft eine totale Schieflage zuungusten des Westens. Bei den Diskussionen im Ausschuß kam dann auch sehr deutlich das politische Vorurteil zum Vorschein: »Kennzeichen D« habe eben nicht die Aufgabe, die negativen Seiten der DDR aufzudecken oder womöglich positive Seiten der politischen Situation der Bundesrepublik Deutschland in den Osten zu transportieren, im Gegenteil: man müsse die Bevölkerung West-Deutschlands endlich darüber aufklären, daß sie ihre kritische Haltung gegenüber der DDR aufgeben müsse; sie müsse endlich zur Kenntnis nehmen, daß die Leute im Osten durchaus zufrieden mit ihren Verhältnissen sind und einen zunehmenden Stolz auf ihre eigene Leistung empfinden. Die Wiedervereinigung sei dort jedenfalls nicht mehr gefragt. Das war durchaus kein Einzelfall. Man hat es ganz im Gegenteil in weiten Bereichen des Journalismus für ganz normal gehalten, daß der Journalist nicht über Fakten berichtet und dazu seine eigene subjektive Meinung hinzufügt, sondern daß man eine gesellschaftskritische, ja gesellschaftsverändernde Mission habe, von der einen niemand entbinden kann. Als der damalige Programm-Direktor Dieter Stolte die Frage stellte: »Wo nimmt unsereins das Recht her, das Instrument Fernsehen zu benutzen, um die Gesellschaft nach den eigenen Vorstellungen zu verändern?«, so wurde ihm von Peter Christian Rall, einem renommierten Journalisten der damaligen Tage, im Evangelischen Pressedienst (epd) ganz klar geantwortet: Dieses Recht nehme man sich aus »dem Bildungs- und Reflektionsvorsprung, den die Programmacher vor der großen Mehrheit ihres Publikums haben; und vor allem aus der Einsicht in den prozeßhaften Charakter eines freiheitlich-demokratischen Gemeinwesens«. Mühsame Recherchen, um der Wahrheit auf den Grund zu gehen, waren hier also nicht gefragt. Der Bildungs- und Reflektionsvorsprung gegenüber der großen Mehrheit des Publikums gab bereits genügend Berechtigung für den missionarischen Journalismus jener Tage. Dabei gab es zwei Kategorien von Protagonisten dieses Zeitgeistes: Der einen Kategorie von Journalisten war der tiefe Zusammenhang zwischen der ideologischen Fixierung und der publizistischen Tendenz absolut vertraut, währenddessen die andere Kategorie, der der größere Teil angehörte, mehr aus Gründen der Bequemlichkeit dem Zeitgeist hinterherliefen. Journalisten, die in dieses Raster nicht paßten und eine eigenwillige, dem Zeitgeist widersprechende Position einnahmen, waren unter Kollegen schlecht gelitten; sie erhielten in der nach dem Zeitgeist ausgerichteten Publizistik ständig Prügel. Und wer den Mut hatte, die Wahrheit zu sagen, wurde im Osten mundtot gemacht und im Westen nicht gerade geachtet. Lothar Loewe ist so ein Fall. Auch der Verantwortliche des »ZDF Magazins«, Gerhard Löwenthal, ist ein weiteres Beispiel dafür gewesen. Viele werden es nicht gern hören, wenn man heute feststellt, daß Gerhard Löwenthal mit seinen Berichten aus der DDR und seinen damals anstößigen Kommentaren sehr viel näher bei der Wahrheit lag als die meisten anderen »Berichterstatter«, die damals auf der Höhe des Zeitgeistes lagen. Man muß sich überhaupt wundern, wie viele Intellektuelle ihre Wahrnehmungssinne einfach abgestellt haben und trotz der Tatsachen des »real existierenden Sozialismus« rührseelig ihre sozialistischen Utopien weiter träumten.

Die Gaußsche Verteilkurve der menschlichen Charaktere scheint bei gleichen äußeren Bedingungen ziemlich gleich verteilt zu sein: ein relativ kleiner Prozentsatz Fanatiker und skrupelloser Machtpragmatiker, ein viel kleinerer Prozentsatz von Widerstandskämpfern und Märtyrern, ein größerer Prozentsatz von unauffälligen Nichtangepaßten und schließlich ein großer Prozentsatz von anpassungsfähigen Mitläufern, bereit, jeden Vorteil für sich mitzunehmen. Bei einem System, welches den schlechten Charakter prämiert, scheinen sich überall die gleichen Prozentsätze einzustellen, ob im Westen oder im Osten.

Um so mehr ist es gar nicht hoch genug zu veranschlagen, daß die deutsche Politik die erste Chance der Weltgeschichte, die staatliche Wiedervereinigung herbeizuführen, entschlossen und ohne viel Federlesens in Angriff genommen und rechtzeitig herbeigeführt hat. Das war mit Sicherheit die größte Leistung der CDU/CSU-FDP-Koalition, die sich in der Beurteilung der Lage und in der Notwendigkeit des Handelns hier in seltener Weise völlig einig war. Von besonderer Bedeutung war allerdings, daß, nachdem die Breschnew-Doktrin, die das russische Weltreich und alle Ostblockstaaten, inklusive der DDR, umfaßte, mehr und mehr erschüttert war, die ostdeutsche Bevölkerung deutlich sichtbar und hörbar aufgestanden ist. Die zunehmend eindrucksvolleren Demonstrationen, die Angst des DDR-Regimes, die Erschütterungen der politischen Kräfte in Ostdeutschland nicht mehr im Griff zu behalten, waren wichtige Voraussetzungen für diesen Prozeß. Wir verdanken diese Wiedervereinigung also drei Faktoren: erstens, dem weltgeschichtlichen Fenster, was sich plötzlich in Rußland aufgetan hat und immer mit dem Namen Gorbatschow verbunden sein wird; zweitens, der Geschlossenheit und Zielstrebigkeit der Regierung Helmut Kohl, die Gunst des Schicksals zu nutzen, und drittens, – aber nicht zuletzt! – dem revolutionären Willen der Bevölkerung innerhalb der DDR, den Zuständen in der DDR nunmehr schnellstens ein Ende zu bereiten. Hier trafen sich die Willensbildungen Westdeutschlands und Ostdeutschlands in einem Punkt: die Regierungsparteien im Westen sahen ihre schicksalhafte Chance, das Vermächtnis des Grundgesetzes zu erfüllen; und die Bevölkerung im Osten sah mit der Wiedervereinigung die Chance, ihr Schicksal schnell und endgültig zu wenden. Völlig abseits in diesem Prozeß standen die Sozialdemokraten. Sie begriffen überhaupt nicht, was vor sich ging. Erst vor kurzer Zeit hatten sie ihre gemeinsamen Strategiepapiere mit der SED verabschiedet, waren voll auf Koexistenz mit der kommunistischen Diktatur eingestellt – und zwar nicht nur im staatlichen und wirtschaftlichen Bereich, sondern vor allen Dingen auch im geistigen Bereich. Daß dies alles nur nostalgische Sandkastenspiele gewesen sind, daß die wahren Elemente der Geschichte, die plötzlich übermächtig aufgetaucht sind, in eine völlig andere Richtung zeigten, daß die Bevölkerung im Osten völlig anders dachte, ja daß vor allen Dingen auch die Führung in der Sowjetunion von ehern gedachten Fundamenten abließ und eine Zeit des ideologischen Wandels begann, dies begriffen nur wenige Genossen. Die Folge war eine immer stärkere Isolation der Sozialdemokraten in West und Ost. Dieser historische Fehler der Sozialdemokraten wird ihnen noch lange nachhängen. Denn genauso wie die Regierung die historische Chance ergriff, so haben die Sozialdemokraten genau diese Chance verschlafen. Insofern entstanden durch die Wiedervereinigung Weichenstellungen, die ebenfalls für unmöglich gehalten worden sind: in alten, traditionell marxistisch-sozialistischen Regionen Ostdeutschlands, wie z.B. in Sachsen, wurde die CDU zum dominanten politischen Faktor. So entstand in Gesamtdeutschland keineswegs die befürchtete Lage eines politischen Ungleichgewichts zugunsten der Linken, der Sozialdemokraten oder gar kommunistischer Kräfte. Die Machtverhältnisse in Gesamtdeutschland gleichen heute weitgehend jenen, die bis dato in Westdeutschland entstanden sind. Die Wahlen 1990 wurden verdientermaßen von denjenigen Kräften gewonnen, die mit dem Fenster der Weltgeschichte etwas anzufangen wußten. Nur von dort aus kam auch echte Freude, Optimismus und der Glaube an die Zukunft.

Eine ganz andere Frage ist, mit welcher Naivität der Glaube an die gemeinsame Zukunft in Taten umgesetzt worden ist. Man glaubte offensichtlich tatsächlich, daß binnen kürzester Zeit eine blühende gemeinsame deutsche Landschaft entwickelt werde, daß wir sehr bald ein geachteter Partner, nunmehr völlig souverän, in der Welt sein werden, daß wir nun gemeinsam den Wohlstand genießen können und daß die Schäden, die materiell und geistig durch die Teilung angerichtet worden sind, binnen kürzester Zeit beseitigt werden könnten. Hier stellen wir eine überraschende geschichtliche Rochade fest: während viele Probleme, die wir noch vor kurzem in das 21. Jahrhundert verlagert haben – wie z.B. die Wiedervereinigung – am Ende des 20. Jahrhunderts plötzlich einer Lösung zugeführt worden sind, werden uns die Probleme der Folgen der Wiedervereinigung, die wir so ganz schnell in drei bis fünf Jahren erledigen wollten, noch lange Zeit im 21. Jahrhundert beschäftigen.

Nach dem Niedergang des Nationalsozialismus und des Marxismus sind wir zwar auch in Deutschland von den größten Geißeln des 20. Jahrhunderts befreit worden. Doch diese Befreiung ist nicht fertig, nicht abgehakt, ja teilweise noch nicht einmal richtig in Angriff genommen. Und da viele Menschen bei uns den Sinn des 20. Jahrhunderts bis heute noch nicht verstanden haben, sehen wir bereits gefährliche Legendenbildungen aufziehen – im Chor der Enttäuschten, der ewigen Rechthaber und der alten Ideologen, die gern die Schlachten von gestern noch einmal schlagen wollen. Hier und überall treffen wir auf die Schatten der ewig Gestrigen – doch die Gefahr, daß diese Schatten wieder geschichtsträchtig werden, ist zu bannen! Wir müssen allerdings kräftig dafür sorgen, daß dieser Chor der ewig Gestrigen zusammen mit den professionellen Klagesängern über die Probleme der Gegenwart und die Gefahren der Zukunft nicht eine unheilvolle Allianz politischer Radikalität eingehen, das geistige Klima vergiften und das Volk verführen. Die Untaten einzelner, die aus diesem Klima hervorgehen und selbst vor Morden an Ausländern nicht zurückschrecken, zeigen die Brisanz dieser Entwicklung. Ich bin zuversichtlich, daß die Widerstandskraft gegen solche Entwicklungen trotz aller bedenklicher Erscheinungen heute groß genug ist.

Heute lebt noch eine Generation, die die furchtbaren Ergebnisse verantwortungsloser Heilslehren selber erlebt hat, ja nicht wenige Menschen haben sie selber durchlitten. Das bietet keinen nachhaltigen Nährboden für solche Utopien. Da besteht eher die Gefahr, daß man sich seine eigenen vier Wände zurichtet, daß man den falschen Schluß zieht, Idealismus ist abgemeldet – Egoismus ist angesagt. Diese Relativierung, dieser Verlust von Glauben und Hoffnung, von geistigen Werten, die das Leben lebenswert machen, dürfte heute die größte Gefahr sein. Doch auch diese Gefahr kann überwunden werden. Sie ist nämlich gebunden an die Generationen, welche in ihrer Jugend Idealismus verspürt, später jedoch erkannt haben, daß er umsonst war und sogar dem Bösen gedient hat. Diese emotional negativ wirkende und lähmende Einstellung wird mit jener Generation auch wieder untergehen, die diese Erfahrung gemacht und negativ verarbeitet hat.
Die Jugend wird dagegen immer wieder fähig sein, Ideale aufzugreifen und für das Gute zu kämpfen und dabei auch das eigene Leben in einen solchen Dienst zu stellen. Gerade weil wir hier über keine ungebrochene Tradition verfügen wie die anderen westlichen Demokratien, ist es jetzt besonders wichtig, daß mit den Generationen, die das 20. Jahrhundert durch-

lebt haben, nicht auch gleich alle notwendigen Erfahrungen verlorengehen, welche uns zur besseren Erkenntnis befähigen, das Richtige zu tun und das Falsche zu lassen. Genau diese Erfahrungen haben uns zur Rückbesinnung auf das Prinzipielle geführt, auf die Werte, welche den Menschen zum humanen Lebewesen machen, auf die Einsicht, daß jede Person ihre unverwechselbare Eigenart und ihren Eigenwert besitzt; auf die humanen Bezüge zwischen den Menschen, die die Vielzahl der Personen in einen sozialen Verband ordnen, und zu gemeinsamen Anstrengungen wie auch zu gemeinsamen Tugenden befähigen. Da kollektive Anstrengungen jedoch auch ins Abseits, auf Irrwege, ja in Katastrophen führen können, wie wir Deutsche besonders schmerzlich erfahren mußten, bedarf es hier eines Kompasses, einer Wertordnung, die uns die humane Zielsetzung definieren hilft. Diese, bei uns aus der christlich-humanistischen Tradition gewachsene transzendentale Verankerung des Menschen ist notwendig, um den Menschen den Mut und den Willensimpuls zur positiven Orientierung zu geben.

Im Osten Deutschlands stellen wir mit Betroffenheit fest, daß die durch das DDR-Regime politisch gewollte Ablösung aller transzendentalen Bindungen der Menschen weit fortgeschritten ist. Wir brauchen uns nur die Statistiken der konfessionellen Bindungen an unsere Religionen oder an entsprechende Gemeinschaften anzuschauen. Die Kirche hatte während der Zeit des DDR-Regimes mehr und mehr nur noch Schutzfunktionen gegen Staatsallmacht, wo diese dem Menschen bedrohlich gegenübertrat, aber sie ist nicht mehr der positive Richtungsgeber für den eigenen Sinn des Lebens. Dies stellten die Kirchenmänner voller Schrecken fest, als die staatliche Bedrohung zu Ende war. Zum gleichen Zeitpunkt leerten sich auch wieder die Kirchen.

Im Westen ist es nicht besser. Der permanente Ablösungsprozeß der Menschen von den Konfessionen geht unaufhörlich weiter. Aber auch unabhängig von den christlichen Religionen im konfessionellen Sinne ist es den wenigsten Menschen im Westen noch bewußt, daß der zweite große Versuch, in Deutschland eine Demokratie aufzubauen und ein entsprechendes Grundgesetz zu verfassen, auf einer weitgehend im Konsens gefundenen Wertgrundlage geschah. Dieses war möglich, weil die Männer und Frauen, die da zusammensaßen, die gleichen furchtbaren Erlebnisse hatten. Die Suche nach dem Sinn unseres Lebens, unseres Schicksals in der Gemeinschaft, der Zukunft Deutschlands war allen gemeinsam. Aber genau diese Fragestellung hatte keinen Eingang in die wieder routinemäßig an Weimar anknüpfenden Traditionen unseres säkularisierten Schul- und Bildungswesens gefunden. Hier wurde in vielen Bereichen unserer Bildung und Ausbildung die Anstrengung zur geistigen Orientierung und zu einem gesellschaftlichen Wertekonsens überdeckt durch gängige Schlagworte aus dem nationalistischen Sumpf oder aus der Trickkiste vordergründig plausibler marxistischer Dialektik. Viele Lehrer, die während der Nazizeit Parteigenossen waren, blieben, wie es vielen Intellektuellen eigen ist, trotzig bei ihrer Auffassung. Das Größte, was die Entnazifizierung da erreichen konnte, war, daß man darüber nicht mehr laut sprach.

Die neuere deutsche Geschichte, beginnend im vorigen Jahrhundert, aber in jedem Falle dann im 20. Jahrhundert, war in den Schulen eine Tabuzone geworden und wurde durch das unpräzise Allerweltsfach »Gemeinschaftskunde« ersetzt. Wie sollte die eben erst geborene Jugend begreifen, was wirklich geschehen, was in dieser älteren Generation vor sich gegangen war? Hier ist das größte Versäumnis unseres zweiten Versuches eines demokratischen Neuanfangs in Deutschland festzustellen: Die geistigen und politischen Grundlagen, die unser Grundgesetz und auch die Verfassungen der Länder, die Staatsverträge unserer Rundfunkanstalten und vieles andere mehr geprägt haben, sind bei der so aufgewachsenen Generation fast nirgends fest ins Bewußtsein gebracht worden. Durch diesen Mangel konnte nach dem Zusammenbruch des Deutschen Reiches der jungen Generation auch kaum eine Perspektive vermittelt werden, welche den Zusammenhang unserer Geschichte zwischen den Ereignissen bis 1945 und der Wertgrundlage unseres politischen Systems ab 1949 plausibel erklärt hat. Durch die Teilung Deutschlands war die nationale Identität zerbrochen. Die zukunftsträchtige Wertgrundlage im Westen, welche ab 1949 den zweiten Versuch zur deutschen Demokratie geprägt hat, war schwerlich von jenen Menschen der neuen Generation plausibel zu machen, die den politischen Irrlehren und der völkischen Verführungsideologie in der Zeit bis 1945 mehr oder minder geglaubt haben. Wenn es dennoch erfreuliche Beispiele junger Deutscher gibt, die unsere ganze Geschichte, auch mit ihren dunklen Seiten angenommen und sich mit unserem Land und seiner Zukunft identifiziert haben, dann ist das mehr dem Leitbild einzelner Persönlichkeiten und dem Aufbruch der demokratischen Parteien zu danken, die Vorbildfunktionen in beiden Epochen getragen haben – einmal im Widerstand oder der inneren Resistance, zum anderen nachher tatkräftig beim Aufbau unseres Landes. So können wir mit Genugtuung feststellen, daß viele junge Menschen sich ihren Idealismus nicht abkaufen ließen und konstruktiv an der Zukunft unseres Landes mitbauen wollen.

Risse im Fundament – eine gesamtdeutsche Sanierung ist fällig

Trotz dieser erfreulichen Ergebnisse müssen wir klar sehen, daß wir die Aufgaben für das 21. Jahrhundert leider nicht in der Weise bewältigen können, daß wir wie andere Völker an allgemein bewußte Traditionen anknüpfen können; nein, da braucht es weit größere Kräfte: Wir müssen immer wieder erklären, was zwischen der ersten und der zweiten deutschen Demokratie in diesem Jahrhundert passiert ist und welche Erkenntnisse wir berücksichtigen müssen, um nicht in die Gefahr zu geraten, einen erneuten Rückfall zu erleben. Wir müssen wiedererwecken, wir müssen die geistigen Grundlagen neu durchdringen und durchformulieren und zeitnah den aufwachsenden Generationen, sofern wir dazu in der Lage sind, nahebringen. Die Menschen haben in weiten Bereichen nicht verstanden, daß unser materieller Wohlstand als Ausdruck der schöpferischen Vielfalt von Millionen von Menschen eben jener Wertgrundlage bedurfte, die von den Schöpfern unseres Grundgesetzes und der Sozialen Marktwirtschaft in langer und harter geistiger Arbeit geschaffen wurde. Diese Arbeit war die Voraussetzung, die Rahmenbedingung, um die schöpferischen Kräfte der Menschen zu wecken und sich in einer der Freiheit, dem Recht und der sozialen Verantwortung verpflichteten Gesellschaft entfalten zu lassen. Diese Wertorientierung führte zum Wohlstand unseres Volkes. Davon hat die ältere Generation, insbesondere ihre Bildungs- und Erziehungsstätten, zu wenig gesprochen. Heute ist es eher die junge Generation, die den glitzernden Wohlstand hinterfragt, die irgendwo nach dem Sinn des Ganzen sucht. Dabei müßte es in erster Linie die Erkenntnis der älteren Generation sein, die weiß, was hinter unserem Wohlstand steht, welche unglaubliche Arbeitsleistung auf Grund einer geordneten Werthaltung diesen Wohlstand ermöglicht hat; und die der jungen Generation unverdrossen die Erkenntnis vermittelt hätte, daß der materielle Wohlstand nicht selbst das Ziel unserer Lebensgrundlage sein darf, weil wir ihn genau dann verlieren werden.

Diese ältere Generation in ihrer überwiegenden Mehrheit war gerade im intellektuellen Bereich nicht fähig, diese Ideenverknüpfung zwischen Eigennutz und Gemeinnutz auf Grund einer entsprechenden Werthaltung vorzunehmen, wie dies z.B. einem Röpcke, einem Ludwig Erhard oder einem Müller-Armack geistig klar vor Augen stand. Da wir dies großenteils vergessen haben, sind wir bei der Lösung unserer eigenen wirtschaftlichen Probleme oft hilflos. Weil wir nicht begriffen haben, daß es erst dieser geistigen Grundhaltung bedarf und daß dieses ein enormer Erziehungsprozeß ist, sind auch unsere Ratschläge an andere Länder nicht von der mitreißenden Kraft, wie es eigentlich erforderlich wäre. So brauchen wir uns auch nicht zu wundern, wenn uns aus den munter weiterexistierenden Funktionärsstrukturen der Wirtschaft in der ehemaligen Sowjetunion die Frage entgegentritt, ob wir nicht noch mehr Geld herüberbringen könnten, um die Marktwirtschaft einzuführen. Jeder Unternehmer, der vor Ort engagiert und persönlich einen Beitrag zum Erziehungsprozeß unternehmerischen Handelns leistet, tut mehr für diese Länder, als jene Milliarden, die die großen Politiker unserer Welt verteilen. Und bei uns bedürfte es einer neuen geistigen Schule mit dem Ansatz Max Webers, Walther Euckens und Ludwig Erhards, um diese Zusammenhänge heute, am Ende des 20. Jahrhunderts, überzeugend darzulegen.

Wenn man sich diese Zusammenhänge vor Augen führt, kommt man zunächst zu einer sehr simplen Erkenntnis: weder

der Westen noch der Osten hat den Menschen auf der jeweils anderen Seite irgendetwas vorzuwerfen. Wir müssen unsere Aufgaben in gleicherweise im Osten wie im Westen in Angriff nehmen: im Osten aus der Erkenntnis, daß die Ablösung der transzendentalen Verankerung der Person nur dazu geführt hat, daß der Mensch der unbegrenzten Staatsgewalt total verfügbar gemacht und damit zum Unmenschen manipuliert werden kann. Hier bedarf es also der schöpferischen Neugeburt von Werthaltungen aus der frischen Erfahrung der Unmenschlichkeit, ähnlich wie man sich im Westen nach den furchtbaren Erfahrungen der Nazizeit nach 1945 bemühte, eine solche Arbeit zu leisten. Man kann vor dieser Aufgabe nicht weglaufen, gerade dann, wenn man erkannt hat, daß diese Aufgabe auch im Westen durch die Allierten und eine merkwürdige deutsche Haltung, als habe man mit dieser Entnazifizierung eigentlich gar nichts zu tun, nicht optimal bewältigt worden ist. Im Gegenteil: gerade deswegen muß sie jetzt gut bewältigt werden. Daß dies unendlich schwierig ist und letztlich nur wiederum auf einer neuen Werthaltung, die an alte Werte anknüpft, möglich ist, ist unbestritten. Letztlich kann keiner das Unrecht wieder gutmachen, was er angerichtet oder was er erlitten hat. Aber es muß ins Bewußtsein kommen und daraus ein neuer Impuls und eine neue Willenskraft zur positiven Orientierung entstehen, um dem 21. Jahrhundert ähnliche Unmenschlichkeiten und Barbareien zu ersparen. Dies ist eine besondere Aufgabe für uns Deutsche, denn hier sprudelten die Utopien, die intellektuellen Entwürfe und eben auch die unmenschlichen Ideologien am üppigsten. Von hier gingen sie aus in die Welt. Und hier haben sie auch in besonderer Weise den großen Scherbenhaufen der Geschichte sichtbar werden lassen, der als Ergebnis dieser Irrlehren entstanden ist. Es ist tröstlich, daß wir hier heute im Westen wie im Osten die gleichen Aufgaben haben. Unsere Wertgrundlage ist zwar im Westen nicht als bewußte politische Absicht der Institutionen unseres Staates so löchrig geworden, sondern weil sie gar nicht erst richtig in die Erkenntnis, in das Bewußtsein der Jugend gebracht wurde und somit weitgehend in Vergessenheit geraten ist. Zwar sind hier die Gefäße unserer Werthaltungen noch da, manchmal gut geputzt und vorzeigbar, doch bei näherer Betrachtung sind sie undicht geworden. Die Inhalte rieseln fast unbemerkt in einem kleinen, aber ständigen Rinnsal nach draußen. So bleiben die Gefäße nur noch dreiviertelvoll, halbvoll, viertelvoll oder jeweils entsprechend leer – manchmal bleiben ganz leere Hülsen zurück. Offensichtlich wurde dieser Inhaltsverlust nur von wenigen bemerkt, die Masse hört noch das laute Getriebe der Wohlstandgesellschaft – welches sich, wie bei einem perpetuum mobile weiter und weiter dreht. Das ständige kleine Minus, das der Bewegungskraft dieses Getriebes kontinuierlich abhanden kommt, macht sich wohl erst nach geraumer Zeit bemerkbar. Wenn dann plötzlich das entscheidende Kraftmoment fehlt, die mechanischen Widerstände die Bewegung erlahmen lassen und das ausgeschlagene Getriebe immer ächzender seine Bewegungen durchführt, dann bemerkt auch die Masse plötzlich das Stottern des Motors. Und da wird es dann allen offenkundig: es gibt Verschleiß und der ist weit größer als erwartet – eine Generalüberholung ist angezeigt und zwar dringend und viel umfänglicher, als gedacht. In dieser Situation befindet sich unsere Gesellschaft heute in Westdeutschland. Es ist natürlich etwas blamabel und dumm, daß diese Situation ausgerechnet dann eintritt, wenn man dem anderen Teil Deutschlands so richtig zeigen wollte, wie so ein Getriebe gut funktioniert! Und zunächst glaubte man, daß dieses Stottern ja nur unmittelbar durch die Wiedervereinigung gekommen ist. Doch diese Verknüpfung ist falsch. Die Wiedervereinigung hat unseren Zustand nur schneller und gründlicher ans Tageslicht befördert – und das ist gut, ja sogar segensreich. Daraus kann eine große Chance werden – im Osten wie im Westen Deutschlands, wenn wir die Herausforderung begreifen.

Leider müssen wir feststellen, daß wir diese Herausforderung im Westen, insbesondere innerhalb der politischen Klasse, noch zu wenig erkannt haben, und daher Gefahr laufen, viel zu spät zu reagieren. Während wir vor der größten Bewährungsprobe unserer Geschichte nach dem Zweiten Weltkrieg stehen, sind die Regierungsparteien in Bonn seit eh und je mit ihrem Machterhalt beschäftigt und erkennen viel zu langsam, welche unausweichlichen Prioritäten unserer Gesellschaft auf den Nägeln brennen. Die ständige Fokussierung auf die nächsten Wahltermine, insbesondere die nächste Bundestagswahl, führen zu einem Diskussionsritual und einer Routine, deren Absurdität offensichtlich auch dann nicht erkannt wird, wenn die Krisensituation, in welcher wir uns bereits befinden, unmittelbare Schritte zur Beseitigung der Schieflage erforderlich macht. Von »geistiger Führung«, die über vage Analysen und gute Worte hinaus nur durch entschlossenes, gegenüber den Bürgern präzise erklärtes Handeln sichtbar gemacht werden könnte, ist wenig zu spüren; richtige Signale, welche dann und wann einmal – meist ohne erklärende konzeptionelle Gesamtschau – ausgesendet werden, werden am nächsten Tag durch falsche Signale wieder konterkariert, so daß nur Verwirrung und Ratlosigkeit, bis hin zur Resignation weiter Kreise unserer Bevölkerung die Folge sein können.
Und die Opposition? Eigentlich wäre jetzt ihre große Chance gekommen! Doch sie ist mit anderen Fragen beschäftigt. Und selbst bei der Beschäftigung mit der eigenen Partei ist nirgends der Ansatz von Konzepten zu entdecken, welcher der Realität standhalten und die Krise bewältigen könnte. Im Gegenteil! Fest im Griff zwischen Gewerkschaften und Grü-

nen wird jeder Ansatz struktureller Reformen vernichtet. Die Gewerkschaften – nicht die Betriebsräte! – kämpfen um jeden Millimeter ihres Besitzstandes – ob er nun angesichts der gesellschaftlichen Strukturveränderungen auf der ganzen Welt bei uns noch in die Landschaft paßt oder nicht – er wird mit Zähnen und Klauen verteidigt mit der Zielsetzung, die eigene Macht und die Privilegien als obersten Maßstab zu erhalten. Insofern verhalten sich die Gewerkschaften keineswegs anders als die Machteliten in früheren Gesellschaften – bis dann die Revolution kam!
Paradoxerweise können die Gewerkschaften diese Rolle auch in einer demokratischen Gesellschaft erfolgreich spielen. Solange sich die SPD aus dem festen Griff der Gewerkschaften nicht befreien kann, wird sich daran wohl auch nichts Grundlegendes ändern. Nur durch solch einen Befreiungsschlag wäre im übrigen auch den Gewerkschaften die Chance gegeben, sich in ihrem eigenen Beritt zu reformieren und ihre Zielvorstellungen zu korrigieren und den Realitäten anzupassen.

Die Grünen, die durchaus zukunftsweisende Ideen haben, unterliegen zwei gravierenden Handicaps: Einmal betrachten sie sich selber nicht als Stabilisator einer entschlossenen Regierung – dies ist schon durch ihre Entstehungsgeschichte erklärlich –, sondern eher als Gegenmacht zum Staat; deswegen müssen sich die Grünen immer wieder Zerreißproben unterziehen, wo immer sie regieren; zum zweiten fühlen sie sich eigentlich nur für ein einziges Problem zuständig: Umweltfragen. Aber die Absolutsetzung dieses Segmentes macht sie im Ernstfall politik- und regierungsunfähig. Das führt in ihren Diskussionen teilweise zu haarsträubenden und politisch gefährlichen Ergebnissen. Statt emissionsarme Müllverbrennungsanlagen zu bauen, wollen sie nirgendwo, wo immer sie politische Macht haben, Müllverbrennungsanlagen genehmigen mit der Folge, daß ein absolut krimineller Müllexport betrieben wird, die Deponien weder räumlich noch qualitativ ausreichen und wir im Müll ersticken. Gleiches bei den Kraftwerken: weil man am Dogma der Verteufelung der Kernkraft – das ist ein Stück Bibelgeschichte der Grünen – unbedingt festhalten will, werden von den Regierungen, an denen Grüne beteiligt sind, alle Tricks angewandt und sogar Recht und Gesetz verbogen, um die heute existierenden Kernkraftwerke aus dem Markt zu werfen. Der Bund als zuständiger Gesetzgeber sieht sich zunehmend gezwungen, zum Beispiel Hessen durch »Weisungen« zu zwingen, die technisch und rechtlich nachgewiesenermaßen einwandfreie Produktion von Kernbrennstäben in Hanau endlich zuzulassen. Gleichzeitig muß der Bund Niedersachsen anweisen, endlich die Voraussetzungen zur Schaffung der Zwischen- und Endlagerung (Gorleben!) nicht weiter zu blockieren. Anderenorts nennen die Grünen als Grund immer wieder, warum die Kernkraftwerke sofort abgeschaltet werden müssen, daß keine angemessenen Endlagerungen für die Kernbrennstäbe vorhanden sind. Und genau diese Vorausssetzung wird von ihnen bewußt blockiert. Diese Verletzung der Rechtssicherheit kostet die Betreiber Milliarden an unnützer Ressourcenverschwendung, den Staat Milliarden möglicher Regreßansprüche und den Bürger Milliarden an Strompreiserhöhungen. In der Zwischenzeit bauen wir vor allem Kohlekraftwerke, die die Umwelt nachgewiesenermaßen durch ihre Abgase schädigen und den Strompreis weiter nach oben treiben. Daß auf diese Weise ein gravierender Beitrag zur Arbeitslosigkeit geleistet wird, weil stromintensive Industrieproduktionen in Deutschland kostenmäßig nicht mehr zu halten sind (Chemie!) und ins Ausland verlagert werden, scheinen die Grünen, noch nicht einmal als Problem anzusehen. Auf diese Weise werden die Sachanliegen auf den Kopf gestellt und Lösungen herbeigezwungen, welche im Ergebnis die Sachanliegen eher behindern als fördern und im weiteren Umfeld absolut negative Konsequenzen herbeiführen. Und wo die Grünen über den Tellerrand ihrer Öko-Programmatik hinausschauen, kommt meistens ein ziemlich langweiliger Verschnitt von neuen ökologischen Utopien mit alten sozialistischen Ideen heraus, der dann mehr mit dem 19. als mit dem 21. Jahrhundert zu tun hat.

Wie lange die SPD diesen gefährlichen Ritt über den Bodensee weiter mitmacht, ist noch nicht abzusehen. Auf kommunaler Ebene stoßen die von Grünen verleiteten Sozialdemokraten auf immer entschiedenere Ablehnung. Die Willfährigkeit des Kasseler SPD-Oberbürgermeisters gegenüber den wirtschaflichen und verkehrspolitischen Vorstellungen der Grünen führte bei der letzten hessischen Kommunalwahl am 7. März 1993 zu einer vernichtenden Niederlage der SPD. Bei der anschließenden Oberbürgermeisterwahl erhielt der CDU-Kandidat über 60 % der abgegebenen Stimmen der Bevölkerung – ein für Kassel vor kurzem noch unvorstellbares Ergebnis! Und es hat den Anschein, daß sich ähnliche Entwicklungen in anderen Städten anbahnen. So werden die Grünen, die in den letzten 20 Jahren der SPD in Land, Stadt, Kreis und Gemeinden durch gemeinsame Koalition zur Mehrheit verhalfen, jetzt zunehmend zum Zerstörer solider Machtbasen der Sozialdemokraten in der Bevölkerung. Die Ministerpräsidenten Eichel und Schröder werden in nicht allzu ferner Zukunft vor den Konsequenzen ihrer opportunistischen Politik stehen.
Auch ohne diese Zangenbewegung aus Gewerkschaft und Grünen ist die SPD als Partei in einer nicht gerade beneidenswerten Krise. Das Abstreifen der alten marxistisch-sozialistischen Tradition erweist sich als viel schwieriger und langsamer, als gedacht. Waren die Anläufe in den 50er und 60er Jahren noch beachtenswert, kamen seit der links-ideologi-

schen Renaissance der 70er Jahre, die vornehmlich von Erziehungsstätten und Universitäten ausgegangen ist, keine weiteren Anläufe zum Erfolg; ja teilweise ist eher ein fundamentaler ideologischer Rückschritt zu verzeichnen, der letztlich zum Scheitern Helmut Schmidts und zur Wende im Jahre 1982 geführt hat. Seit dieser Wende fehlt es denn der SPD auch an geeigneten Führungspersönlichkeiten, um sie wieder aus der Krise herauszuführen. Bei diesen Zukunftsperspektiven der SPD, die auch heute mehr an den veralteten Parteitagsbeschlüssen als an den Problemlösungsanforderungen unserer Zeit ausgerichtet sind, kann man an die SPD, zumindest auf absehbare Zeit, keine Hoffnungen knüpfen.

Bleibt also nur noch die CDU/CSU. Auch diese Partei befindet sich ohne Zweifel in einer Krise. Nicht mehr die Aufbruchstimmung in den Jahren 1982/83, die sich gleichermaßen auf Finanzpolitik, auf Wirtschaftspolitik und auf Außen- und Sicherheitspolitik gerichtet hat, kennzeichnet den Zustand der Partei; es ist eher der Verschleiß der Regierungsarbeit, der Realitätsverlust den Fakten gegenüber und die zunehmende Gewohnheit, für unangenehme Ereignisse stets andere verantwortlich zu machen, die zwangsläufig zur Rechthaberei und intellektuellen Bequemlichkeit führt. Was aber noch schlimmer ist: Es führt auch zur Ängstlichkeit, die notwendigen Entscheidungen rechtzeitig zu treffen; bei getroffenen Entscheidungen gibt es zu viele, denen man die Opportunität kurzfristig taktischer Absichten auf Kosten grundsätzlicher Überzeugungen von weitem ansieht. Das führt unausweichlich zu steigendem Verdruß bei dem eigenen Wählerklientel, aber auch bei übrigen Gesellschaftsschichten. Als Beispiel seien hier nur einmal die rechtsverletzenden Regeln über die Behandlungsweise von Enteignungen auf dem Gebiet der DDR zwischen dem Jahr 1945 bis 1949 angeführt. Es mag ja sein, daß man bei den Verhandlungen zur deutschen Einheit die grundsätzliche Bedeutung übersehen hat, die mit der eklatanten Verletzung des Eigentumbegriffs durch einen Rechtsstaat wie die Bundesrepublik Deutschland verbunden ist. Aber statt eine allseits akzeptable Korrektur herbeizuführen, gefiel man sich in der Pose des »Rechthabers« und stellte vor dem Bundesverfassungsgericht einen außerordentlich gewagten Zusammenhang dar, der bei näherem Nachprüfen immer unglaubwürdiger wird: daß die Sowjetunion die Wiedervereinigung versagt hätte, wenn man diese Enteignungen wieder rückgängig machen wollte. In Wirklichkeit scheint es ihr darum gegangen zu sein, daß die Rechte der Nachfolgebesitzer gewahrt werden müßten – ein auch nach rechtsstaatlichem Verständnis durchaus legitimes Anliegen. Dieses Anliegen hätte, wie auch sonst in einem Rechtsstaat, mit anderen Mitteln erfüllt werden können; insbesondere hätte dieses Anliegen nicht auf den staatlichen Besitz ausgedehnt werden dürfen, so daß nun Bund und Länder sich einen unrechtmäßigen Besitz angeeignet haben und diesen ihren Besitz – das gleiche gilt auch für Kommunen – gegen die rechtmäßigen Eigentümer verteidigen, eine für einen Rechtsstaat unwürdige und rechtsverletzende Position. Daß diese Idee nicht in Moskau erfunden wurde, sondern von der Modrow-Regierung ausgegangen ist und offensichtlich von der Sowjetunion keineswegs als eine essentielle Priorität zur Wiedervereinigung angesehen wurde, wird durch Dokumente und Zeugen immer offenkundiger. Die Aufgabe prinzipieller Positionen auch bei einem kleinen Kreis, der sicherlich keine großen Wählerschichten mobilisieren kann, ist für die Glaubwürdigkeit eines Rechtsstaates katastrophal. Die davon ausgehende Stimmungslage wird weit über diesen Bevölkerungsanteil hinaus verschlechtert, da jede Art Meinungsbildung, die die Regierung bei ungerechten Entscheidungen ertappt, zum allgemeinen Verdruß weitester Bevölkerungskreise beiträgt.

Viele Menschen, welche bisher eindeutig zur CDU gestanden haben, wenden sich daher bitter enttäuscht ab und machen das auch deutlich. Viele Parteimitglieder zucken die Achseln und gehen in eine Art innere Emigration; andere wiederum klammern sich an den Rest der Macht, die noch verblieben ist. Und diejenigen, die bereit wären, im Sinne der Sache und der Regierungsfähigkeit gemeinsam den Kampf um Erneuerung, um geistige Orientierung, um Zurückeroberung der verlorengegangenen Kompetenz – insbesondere in der Wirtschafts- und Finanzpolitik und auch im außen- und sicherheitspolitischen Bereich – mit Kraft und Elan wieder aufzunehmen, fühlen sich von dem heute vorhandenen Klima im Establishment der politischen Führung zu solchem Tun nicht animiert. Hinzu kommt der fatale Eindruck, daß der politische Entscheidungsmechanismus eher nach kurzfristig ausgerichtetem taktischen Kalkül denn nach Kriterien professioneller Einsichten und entsprechend effizienten Entscheidungsabläufen funktioniert. So führt jeder seine eigenen kleinen Kämpfe weiter und wartet... – manche auf ein Wunder, andere auf »ihre Zeit«, die aber offensichtlich noch nicht gekommen ist.

Die Geschichte richtet sich weder nach den Daten der Parteitagsbeschlüsse der SPD, noch nach den Biophasen der Union. Ganz gleich, wer in Deutschland im Bund oder in den Ländern regiert: Wenn wir nicht in all zu ferner Zukunft mit einem großen Knall abstürzen wollen, muß endlich erkannt werden, daß wir jetzt gründlich und prinzipiell umsteuern müssen. Nicht die konjunkturellen Schwankungen, auch nicht die starke Rezession sind das eigentliche Problem; sondern die Tatsche, daß wir überall unser System überdreht haben: wir haben nirgendwo mehr Spiel oder Reserven, die Unternehmen nicht, der Staat nicht, unsere sozialen Sicherungssysteme nicht – und der private Haushalt spürt plötzlich, daß er nun von überall her rigoros angezapft wird. Auch wenn dieses Umsteuern aus der strukturellen Krise heraus gerade in einer Zeit konjuktureller Baisse besonders schwierig ist, bleibt uns dennoch keine andere Wahl. Gewisse krebsartige Geschwüre unseres Sozialstaates und der dahinterliegenden Moral, bestürzende Verschlechterung unserer Rahmendaten im internationalen Vergleich, unsere selbstgemachte Kostenkrise, unser Produktivitätsrückfall, unsere tendenziell weiter steigende Arbeitslosigkeit bei gleichzeitig für Deutschland unverhältnismäßig hoher Geldentwertungsrate, unser steigender Kapitalverzehr durch Verwendung von Steuer- und Abgabeeinnahmen zur laufenden Subventionierung überholter wirtschaftlicher Strukturen und eines überzogenen sozialen Netzes; unser auch nach der 50%-Marke weiter steigender Staatsanteil am Bruttosozialprodukt, die erdrückende Steuer- und Abgabenlast für die im internationalen Wettbewerb stehenden Unternehmen, der gewaltige Abfluß privaten Kapitals ins Ausland, die geringen Investitionen des Auslands in Deutschland, das sind alles Alarmzeichen, die wegen der langanhaltenden Wachstumsphase in den 80er Jahren und der Hochkonjunktur nach der Wiedervereinigung verdeckt wurden. Zugegebenermaßen sind manche dieser Alarmzeichen ausschließlich durch den Kraftakt der Wiedervereinigung ausgelöst worden, jedoch keineswegs alle. Jedenfalls liegen sie jetzt alle blank vor uns und erfordern unmittelbare und eindeutige Prioritätensetzung sowie drastische und schnelle Entscheidungen. Es scheint, daß dieser Entscheidungsprozeß nunmehr in Gang kommt. Da wir jedoch schon zu lange auf falscher Wegstrecke gelaufen sind, reicht dieser gemächliche Entscheidungsprozeß nicht mehr aus, um noch rechtzeitig die abschüssige Bahn zu verlassen. Wir feiern es immer noch als großen Erfolg, wenn die Geschwindigkeit auf falscher Bahn nachläßt. Daß die Gesundung aber nur eintritt, wenn die falschen Trends umgekehrt werden – und nicht etwa nur zum Stillstand gebracht werden – scheint in der politischen Klasse aller Parteien, aber auch bei den Tarifpartnern noch nicht klar erkannt worden zu sein. Um den heutigen Status quo der Sozialleistungen in den verbleibenden 90er Jahren auch nur aufrechtzuerhalten, benötigten wir 2,3 % reales Wachstum. Wir befinden uns im Moment jedoch auf einem Schrumpfungspfad unseres Sozialproduktes. Also ist bereits die Aufrechterhaltung des Status quo jenseits der realen Möglichkeiten. Deswegen dürfen Einsparungen in den wichtigen Bereichen auch nicht dafür verwendet werden, an anderer Stelle wieder draufzusatteln (Pflegeversicherung), sondern sie müssen mit aller Konsequenz dazu verwendet werden, die Trendumkehr zu bewerkstelligen und nichts anderes! Nur ein solches drastisches Handeln könnte bewirken, daß wir am Ende der 90er Jahre wieder einen normaleren Status der Volkswirtschaft erreicht haben. Wenn wir diese schwierige Operation nicht jetzt und sofort vornehmen, werden wir statt einer Trendumkehr in ein bis zwei Jahren eher unsere Arbeitslosenzahl von heute rund 3,5 Millionen um eine weitere Million gesteigert haben und unsere Geldentwertungsrate auf einen Prozentsatz zwischen 4 und 5 % abgleiten sehen. Wenn wir weiter zögern, wird uns die Normalisierung unserer Wirtschaftsdaten im Sinne eines Systems, das den Namen Soziale Marktwirtschaft noch verdient, in den 90er Jahren nicht mehr gelingen. Dann werden wir auch die Kriterien nicht erreichen, die dem Maastrichter Vertrag für die Aufnahme in die Währungsunion 1996 zugrunde liegen, da die Gesamtverschuldung im Verhältnis zum Sozialprodukt über der Zielmarke liegen wird. Und wenn Deutschland diese Zielmarke verfehlt, dürfte dieses bei den meisten anderen Ländern Europas wegen der großen Auswirkung der deutschen Wirtschaftslage auf die übrigen Länder der Europäischen Gemeinschaft nicht anders sein.

Natürlich hat auch die Wirtschaft fundamentale Fehler begangen, als sie den Trend in die falsche Richtung ungebremst weiterlaufen ließ. Dies gilt sowohl für Einzelbetriebe, wie auch für ganze Branchen und Verbände. Aber man muß zur Kenntnis nehmen, daß mit Schuldzuweisungen noch niemals eine bessere Politik begonnen werden konnte. Die Wirtschaft geht genauso wie die Politik möglichst den Weg des geringsten Widerstandes. Nur wenn der Hüter der Marktregeln, der die Rahmendaten vorgibt, die Zeit des Gesundbetens für beendet erklärt, alle Wirtschafts- und Sozialpartner jenseits der üblichen Beschimpfungen zum professionellen Dialog führt, das gegenseitige Zuhören praktiziert, den Mut zu den notwendigen Entscheidungen aufbringt und eindeutige Signale ausstößt, verbessert sich das allgemeine Klima. Den richtigen Trend einzuschlagen gegen das allgemeine Klima, ist eine unrealistische Erwartungshaltung der Politik gegenüber der Wirtschaft.

Es wird von unserem Mut und unserer Entschlußkraft in den Jahren 1993 bis 1996 abhängen, ob wir das nächste Jahrhundert wieder in einem widerstandsfähigen Zustand unserer Wirtschaft erreichen werden. Dazu bedarf es eiserner Ausgabendisziplin *aller* öffentlichen Hände – nicht nur des Bundes. Alle wirtschaftspolitischen Entscheidungen müssen unter dem Gesichtspunkt der Stärkung der Wachstumskräfte unserer Volkswirtschaft getroffen werden – und das heißt:

○ mindestens zwei Null-Runden im öffentlichen Dienst mit gestaffeltem Inflationsausgleich bei den unteren Einkommensgruppen; anschließend weitere zwei Jahre Lohnerhöhungen nur im Rahmen des Inflationsausgleichs für alle
○ entsprechend niedrige Tarifabschlüsse im privaten Gewerbe
○ massive Steuersenkungen und Investitionspräferenzen für die Unternehmen, um Wachstum und Wettbewerbsfähig-

keit zu stimulieren und Deutschland für inländische wie auch ausländische Unternehmen wieder attraktiv zu machen

- steuerliche Begünstigung von Forschung und Entwicklung, um neue Technologien und Innovationen zu stimulieren
- Abbau von staatlichen Zuschüssen für überholte Wirtschaftsstrukturen zugunsten der Förderung moderner Technologien
- weitgehende Privatisierung von Dienstleistungen, die in staatlicher Hand nicht notwendig sind und nach der Erfahrung privat effizienter erbracht werden können
- drastische Vereinfachung und teilweise Aufhebung von Vorschriften, die das Bauen in Deutschland erschweren und komplizieren
- generelle Einführung verbindlicher Zeitspannen für die Genehmigung von Flächennutzungsplänen, Bauten und Investitionen mit Sanktionsmöglichkeiten der Antragsteller gegenüber säumigen Behörden
- Abkürzung von Einspruchsfristen und Straffung von Verwaltungsgerichtsverfahren auf ein zumutbares Maß, so daß Zukunftsplanungen noch innerhalb eines überschaubaren Zeitrahmens möglich werden
- Einigung der Tarifpartner über weitgehende strukturelle Veränderungen der Tarifverträge: Dezentralisierung der vertragsschließenden Parteien, Flexibilisierung der Arbeitszeiten ohne Behinderung ansteigender Arbeitszeiten auf betrieblicher Basis, längere Maschinenlaufzeiten ohne entsprechende Urlaubsverlängerungen für den einzelnen, branchen- und regionalspezifisch differenzierte Entgeltmöglichkeiten sowie größere Vertragsfreiheiten für den einzelnen Betrieb bei spezifischen Situationen (Existenzkrisen).

Dies sind nur einige der notwendigen Maßnahmen, um aufzuzeigen, in welcher Richtung konjukturelle und strukturelle

Veränderungen erfolgen müssen. Das gleiche gilt natürlich in ebenso tiefgreifender Hinsicht auf dem sozialpolitischen Sektor. Die großen Mißbrauchstatbestände können auf Dauer nicht durch immer mehr Kontrolleure behoben werden, sondern nur dadurch – wie es auch einer freien und offenen Gesellschaft entspricht –, daß sich der Mißbrauch für den einzelnen auf Dauer nicht lohnt. Alles andere führt am Ende zu polizeistaat-ähnlichen Verhältnissen. Die Systeme müssen so umgebaut werden, daß durch die Eigenbeteiligung des einzelnen, wo es irgend möglich ist, auch ein Stück Eigeninteresse geweckt wird, das ökonomisch Sinnvolle zu tun und die Entscheidungen nicht jedesmal gegen die Interessen des Kollektivsystems zu treffen. Auch die Soziale Marktwirtschaft selbst beruht auf der Einsicht, daß Eigen- und Gemeinnutz miteinander gekoppelt werden müssen. Denn nichts ist auch für den Gemeinnutz dynamischer als das Eigeninteresse des einzelnen. Überall, wo versucht wird, das Eigeninteresse zu diffamieren und als gegen die Allgemeinheit gerichtet zu definieren, beginnt die Mentalität von staatlicher Verfolgung und privater Flucht. Dabei wird der Staat immer den kürzeren ziehen. Der Glaube, die absolute Gerechtigkeit und soziale Perfektion mit den Mitteln administrativ verfügter Umverteilung herbeiführen zu können, hat noch jeden Staat zum Bankrott geführt. Wegen der schwindenden ökonomischen Basis bleibt dem Staat am Ende gar nichts anderes übrig, als konfiskatorische Maßnahmen einzuführen. In diesem Moment aber dreht sich die Moral um: derjenige, der sich durch Schlauheit und Klugheit vor diesen Zugreifmethoden schützen will, hat die Moral auf seiner Seite, während der Staat laufend an Autorität verliert. Auch die Bundesrepublik ist bereits in der Gefahr, hier den Rubikon zu überschreiten. Wenn die finanziellen Mittel für die Sozialleistungen in Bund, Ländern und Gemeinden heute eine astromonische Größenordnung erreicht haben, ist auch die Umstrukturierung dieser Systeme eine Gewaltoperation von einzigartigem Ausmaß. Ich habe bisher nicht den Eindruck, daß die Sozialpolitiker ganz begriffen haben, welche Aufgabe vor ihnen steht, wenn die Tragfähigkeit des sozialen Systems auch im 21. Jahrhundert erhalten bleiben soll. Insbesondere bei der SPD, die auf diesem Sektor ja immer eine besondere Kompetenz beansprucht, ist noch kaum irgendwo ein Realitätsbewußtsein auszumachen. Aber auch bei der Koalition geht diese Einsicht zu langsam voran. Die erste Gesundheitsreform Ende der 80er Jahre hat sich als das herausgestellt, was Fachleute schon damals vorausgesagt haben: sie bringt eine kurzfristige finanzielle Entlastung, ohne das System in entscheidenden Fragen in die erforderliche Richtung umzusteuern. So standen wir Anfang der 90er Jahre wieder vor der Frage, wie die kurzfristige Finanzierbarkeit wieder hergestellt werden kann. Wenngleich diese zweite Gesundheitsreform ebenfalls noch nicht in notwendigem Ausmaß die strukturellen Fragen angepackt hat, so ist doch das Bewußtsein darüber, daß strukurelle Veränderungen noch in den 90er Jahren dringend erforderlich sind, gewachsen. Nur wenn es gelingt, das Eigeninteresse des einzelnen durch entsprechende finanzielle Eigenbeteiligung mit dem Gesamtinteresse der Kollektivsicherungssysteme zusammenzuführen, kann eine dauerhafte Gesundung gelingen. Nur dann werden wir im übrigen auch die Ressourcen dafür erwirtschaften, daß Langzeitkranke die ihnen angemessene Pflege und Kostenerstattung erhalten sowie daß auch Bedürftige, welche nicht die entsprechende Eigenbeteiligung aufbringen können, eine menschenwürdige Behandlung erfahren.

Die Rentenversicherung – der schiefe Turm von Pisa

Neben der Krankenversicherung ist die Rentenversicherung ein ganz besonders dringlicher Fall, weil hier falsche Weichenstellungen nur langfristig korrigiert werden können. Während bei der Krankenversicherung Einnahmen und Ausgaben auch rechtlich demselben Personenkreis zugeordnet sind, ist das bei der Rentenversicherung nicht der Fall. Die Ausgaben für die Rentenleistungen werden im cash-flow nicht von ihnen selbst erbracht, sondern jeweils von der nächsten, das heißt also von der im Erwerbsleben stehenden Generation. Zwar beruht der Rechtsanspruch der Rente auf der früher aufgebrachten Eigenleistung der Rentenbeiträge; dieser Anspruch schafft aber nicht die Tatsache aus der Welt, daß die Realisierung dieses Anspruches bei einem Umlageverfahren nur möglich wird, wenn die nachfolgende Generation qualitativ und quantitativ in der Lage ist, die entsprechenden Rentenleistungen für die ältere Generation durch die eigenen Beiträge aufzubringen. Wenn durch die Demographie einwandfrei absehbar ist, daß diese Last der nächsten Generation nicht mehr zumutbar ist, besteht höchste Alarmstufe. Dann muß das System auf die demographischen Verwerfungen angepaßt und entsprechende Maßnahmen getroffen werden, daß Anspruch, Beitragszahlung und Rentenleistung für die entsprechenden Generationen nicht weiter auseinanderfallen. Leider wurde die Chance dazu bei der Rentenreform 1988 glatt vertan. Die Fakten, die jeder Fachmann kennt, und die Notwendigkeit einer Umsteuerung unseres Umlagesystems wurden in der politischen Diskussion um die Rentenreform systematisch tabuisiert. Richtig ist, daß die Reform dazu geführt hat, die Finanzierungslücke in diesem Jahrhundert im großen und ganzen zu schließen, insbesondere durch den Übergang von der bruttobezogenen zur nettobezogenen Rente – ein Durchbruch der Logik, der in den letzten 20 Jahren in der politischen Diskussion ebenfalls als unantastbares Tabu gegolten hat. Insofern kann man diese Rückkehr zur Vernunft schon als echte Reform feiern! Nur das reicht nicht aus, um den systematischen Fehler zu korrigieren, daß die verschiedenen Generationenstärken bei einem reinen Umlageverfahren in den nächsten 20 Jahren in eine unhaltbare Schieflage geraten. Die Rentenkasse geht einem strukturell immer größeren Finanzloch entgegen, was wegen seiner Größenordnung auch nicht etwa durch Zuschüsse des Bundes gedeckt werden könnte. Dieser Prozeß beginnt sehr bald im nächsten Jahrhundert und wird etwa ab dem Jahr 2010 einem dramatischen Höhepunkt zueilen, wenn die geburtenstarken Jahrgänge der 60er Jahre in Rente gehen und wenn dann die nachfolgenden geburtenschwachen Jahrgänge durch ihre Beiträge diese Renten finanzieren sollen. In dieser Zeit wird nämlich jedem Rentner nur ein Erwerbstätiger gegenüberstehen, während heute auf jeden Rentner zwei Erwerbstätige kommen. Jeder, der seriöse Rechnungen anstellt, kommt zu dem Schluß, daß diese Schieflage mit unserem heutigen System nicht mehr bewältigt werden kann. Nur ein rechtzeitiges Umsteuern könnte noch einigermaßen eine Lösung bringen. Wenn wir so lange warten, bis sich die aufgelaufenen Rentenansprüche der geburtenstarken Jahrgänge nicht mehr finanzieren lassen, wird es einen absoluten Knall und den Zusammenbruch unseres Rentensystems geben. Keiner kann damit rechnen, daß die Renten ohne große politische Erschütterungen bis zu 50% gekürzt werden könnten, wenn hohe Beitragsleistungen einen entsprechend hohen Rentenanspruch aufgebaut haben. Und genauso wenig kann man davon ausgehen, daß die aktive, im Erwerbsleben stehende Generation ihre Beiträge bis zu 50% erhöht, um die notwendigen Rentenleistungen für die ältere Generation zu erbringen. Auch solche Krücken, wie sie der stellvertretende Fraktionsvorsitzende der CDU/CSU-Fraktion Heiner Geißler, immer wieder vertritt, daß die Einwanderung die notwendigen Beitragszahler herbeibringen wird, sind offensichtlich von ihm nie richtig durchgerechnet worden. Alles, was wir an Ausländereinwanderungen haben, ist ein marginaler Punkt gegenüber den fundamentalen Veränderungen des Generationsaufbaus. Es sei denn, Heiner Geißler geht davon aus, daß in 20 Jahren etwa 50% der arbeitenden Bevölkerung aus Einwanderungen des Auslands stammen. Ich glaube, selbst bei aller Anerkenntnis von »multi-kulturellen« Zielsetzungen übersteigt dies auch die Vorstellung von Heiner Geißler. Jürgen Borchert hat in seinem profunden Buch »Renten vor dem Absturz« (1993) die Fakten und Zusammenhänge anschaulich zusammengestellt. Durch die gestiegene Lebenserwartung verschärft sich die Schieflage der Generationen, so daß im Jahre 2030 auf 100 Beitragszahler der gesetzlichen Rentenversicherung mindestens 119 Rentner kommen werden. Dieses Faktum wiederum wird eine gewaltige Auswirkung auf die gesetzliche Krankenversicherung haben. 1991 gingen von den insgesamt 24,4 Milliarden Mark für Arzneimittel 13,3 Milliarden auf das Konto der Rentner. Auch die Aufwendungen für die stationäre Behandlung entfallen, wie Borchert nachweist (Seite 93), überwiegend auf die Rentner-Krankenversicherung. Der zur Deckung notwendige Beitragsanteil der Aktiven hat sich trotz der steten Erhöhung der Rentnerbeitragsquote explosionsartig erhöht, und zwar von 1,2% des beitragspflichtigen Arbeitsentgeltes im Jahre 1975 auf 3,7% im Jahre 1991, also mehr als verdreifacht (alte Bundesrepublik)! Borchert fährt fort: »Bedenkt man schließlich, daß die Gesundheitskosten eines Rentners vom Eintritt in den Ruhestand bis zum Tode schon vor gut einem Jahrzehnt das 7fache der Kosten eines Kindes von der Geburt bis zum zwanzigsten

Lebensjahr betrugen, gewinnt man vielleicht eine Ahnung von dem, was mit weiter steigender Lebenserwartung auf diese Gesellschaft zukommt.«

Hier sammelt sich also ein sozialpolitischer Sprengstoff, der alles übersteigt, was wir bisher an Erschütterungen im Laufe der hundert Jahre Sozialversicherungen in Europa erlebt haben. Bereits unsere Kinder werden von diesen Erschütterungen erfaßt. Die Umsteuerung muß also noch in den 90er Jahren erfolgen, um diese Erschütterung wenigstens abzumildern. Hinzu kommt, daß unser heutiges Rentensystem die Disparität der Generationen prämiert: je weniger Kinder einer aufzieht, um so geringer sind die finanziellen Belastungen und um so höher die Chancen, beruflich höhere Einkommen zu erzielen. Der Effekt: Er erhält die höchsten Renten, da er sein ganzes Leben dem eigenen Einkommen widmen konnte. Jene aber, welche Kinder aufziehen und damit das Umlagesystem unserer Rente überhaupt aufrechterhalten, werden am schlechtesten behandelt: Was die Gesellschaft den Müttern mit Kindern zumutet, ist trotz der löblichen Fortschritte in bezug auf Baby-Jahr und Erziehungszeiten geradezu lächerlich. Die vielen Lebensjahre, die sie der Aufziehung von Kindern gewidmet haben, schlagen bei der Rentenberechnung nirgendwo angemessen zu Buche. Der Einkommensausfall und der Rentenausfall, der durch das zeitweilige Ausscheiden in der beruflichen Tätigkeit entsteht, kann durch die Einrichtungen von Baby-Jahr und Erziehungszeiten nur marginal wettgemacht werden. So trägt unser Rentensystem auch noch selber dazu bei, daß die Geburtenrate weiter reduziert und das Umlagesystem zwischen den Generationen ad absurdum geführt wird. Auch hier wird wieder offensichtlich: Wer es zuläßt, daß ein kollektives Sicherungssystem bei Veränderung der Prämissen unverändert weitergefahren wird und weder durch den Einbau eines system-immanenten, selbststeuernden Korrekturmechanismus, noch durch eine grundlegende Systemreform die Anpassung an die veränderten Prämissen angepackt wird, treibt das Eigeninteresse des einzelnen Menschen und das Kollektivinteresse aller Versicherten so weit auseinander, daß der Zusammenbruch des Systems unvermeidlich wird.

Wir müssen uns also im klaren sein, daß der Verlauf des ersten Quartals des nächsten Jahrhunderts nicht nur von unseren Entscheidungen in den nächsten Jahren abhängt, sondern vor allem auch davon, welche *Entscheidungen nicht getroffen werden.*

Wann kommt die Pünktchen-Partei auf den Punkt?

Von einem politischen Faktor in der Bundesrepublik Deutschland habe ich hier noch nicht gesprochen: der FDP. Ich will dieses hier nachholen, da die hier angeschnittenen Fragen, welche Entscheidungen wir in den nächsten Jahren treffen, um das erste Quartal des nächsten Jahrhunderts zu bewältigen, für die FDP in erster Linie eine Existenzfrage werden könnten. Eigentlich kann diese riesige Aufgabe der Umstrukturierung auf dem wirtschafts- und sozialpolitischen Feld ohne FDP gar nicht bewältigt werden. Die SPD fällt vorläufig aus den oben beschriebenen Gründen als echte Reformpartei aus. Die Union hätte das Zeug dazu, hat jedoch auch in den eigenen Reihen als Volkspartei große Schwierigkeiten, zumal der Führung der Partei die Dringlichkeit und die Größenordnung dieser Aufgabe nicht ausreichend klar sind. So fehlt es oben an der notwendigen Entschlossenheit und unten an der Basis an dem entsprechenden Problembewußtsein. Hier müßte die FDP eine Katalysatorenrolle spielen und überall dort eine ordnungspolitisch klare und initativenreiche Lokomotivfunktion ausüben, wo die Union über ihren eigenen Schatten nicht springen will. Das hieße aber, daß die FDP selber ihre Prioritäten erst einmal neu ordnen müßte!

Bis jetzt versucht sie, ihr Profil auf dem Sektor der inneren Sicherheit zu gewinnen – allerdings als ewiger Bremser.
Sie brachte es fertig, daß eigentlich alle notwendigen Maßnahmen der Bundesregierung auf diesem Sektor zu spät erfolgten. Eine beachtliche Wählerflucht zu den Republikanern und Nicht-Wählern war die unmittelbare Folge. Diese negative Hartnäckigkeit der FDP dürfte ihr selbst kaum einen Gewinn gebracht haben, aber der Schaden, den sie damit dem Koalitionspartner zugefügt hat, ist außerordentlich groß. Der Vorwurf der Handlungsunfähigkeit trifft nämlich ihn, als die größere Partei, vor allem als die Partei, die den Kanzler stellt. Die Finessen von Koalitionsvereinbarungen sind dem Normalbürger gegenüber nicht zu vermitteln. Deswegen erfolgt auch die Schuldzuweisung nach anderen Kategorien, als sie etwa aus Koalitionsverhandlungen ableitbar wäre. Überhaupt ist es erforderlich, nicht vier Jahre lang an einem theoretisch ausgehandelten Koalitionskompromiß festzuhalten, wenn sich die Zeiten so dramatisch verändern. Zu einer funktionierenden Koalition gehört auch, schnell neue Prioritäten festzusetzen und den entsprechenden Konsens mit gleicher Schnelligkeit nach außen zu dokumentieren. Daran hat es gefehlt. Beim Bürger entsteht der Eindruck, daß nicht nur der Streit zwischen der Regierung und der Opposition herrscht – das wäre ja ganz normal –, sondern praktisch zwischen allen Parteien. Genau dieses ist es denn auch, was den großen Verdruß über die Politik ganz allgemein herbeiführt. Eine Anpassung des Grundgesetzes, nachdem das Recht auf Asyl in der gleichen Weise vorgenommen werden soll, wie dies in den anderen

europäischen Ländern der Fall ist, durfte nicht so viele Jahre zu spät kommen. Hier hätte die Geschlossenheit der Koalition bereits seit zehn Jahren der Opposition gegenüber klare Konturen zeigen müssen. Das gleiche gilt für die Kriminalität und jene Entwicklungen der Gewalt, deren schlimme Ergebnisse heute alle betrauern. Es muß endlich begriffen werden, daß ein Staat, je freier er die Handlungsspielräume für alle Bürger gestaltet, um so härtere Maßnahmen ergreifen muß, wenn diese Freiheit durch einzelne Personen oder durch einzelne Gruppen, gröblichst mißbraucht wird. Wenn man nicht jede Schlacht zuerst gegenüber den Feinden der Freiheit und Demokratie mit aller Härte führt, dann ist nicht irgendeine Schlacht gegenüber irgendeiner Gruppe verloren, sondern es ist eine verlorene Schlacht für Freiheit und Demokratie. Großzügigkeit, Wegsehen oder überproportionale Bemühungen um die Täter, welche ihre Mitbürger in Angst und Schrecken versetzen, sind der falsche Weg. Er untergräbt die Moral und Solidarität der Bürger in einer Demokratie; ganz abgesehen davon, daß die Polizei aufgrund der Angst, in schwankender politischer Willenslage selbst auf die Anklagebank gezerrt zu werden – und mit der Macht der heutigen Medien ist dieses ein Leichtes – sich nicht traut, das staatliche Gewaltmonopol gegenüber Rechtsbrechern konsequent auszuüben und stattdessen durch Passivität und Unentschlossenheit zur Orientierungslosigkeit beiträgt. Der Staat muß endlich ernst damit machen, daß z.B. mit dem Demonstrationsrecht gemäß dem Grundgesetz nirgendwo das Recht verbürgt ist, mit Gewalt andere Bürger zu stören, den Verkehr lahmzulegen, Schaufenster einzuwerfen und Autos anzuzünden – von noch schlimmeren Ereignissen ganz zu schweigen. Die Illusion, daß, wenn eine Gesellschaft nur entsprechenden Wohlstand erreicht hat, sich alle friedlich verhalten werden, müßte nun wirklich endgültig begraben sein. Wir können das beklagen, aber bei der Unterschiedlichkeit der menschlichen Charaktere und Verhaltensweisen können wir nur bei realitätsbezogener Analyse richtig entscheiden und richtig agieren. Natürlich muß auch der Kriminelle in einer rechtsstaatlichen Ordnung seine Chance erhalten und nutzen dürfen. Aber diese Chance muß in einem angemessenem Verhältnis stehen zu den Chancen der übrigen Bürger, die sich nichts zuschulden kommen lassen und Opfer in diesem Rollenspiel werden. So ist es kein Zufall, daß sich Angst ausbreitet und überall nach schärferen Maßnahmen gerufen wird.

Außenpolitik in Hochform

In der Außen- und Sicherheitspolitik werden ebenfalls erstaunliche Defizite sichtbar. In der Zeit der Wiedervereinigung lief beides zur Hochform auf: Die klug und schnell geführten Verhandlungen im Rahmen der 2+4-Gespräche (die beiden deutschen Staaten plus die Gespräche mit den Siegermächten des Zweiten Weltkrieges) sowie die Verhandlungen über einen Friedensschluß aller früheren Kriegsgegner mit dem wiedervereinigten Deutschland im Rahmen der KSZE waren in Zielsetzung und Durchführung ein Glanzstück deutscher Politik und Diplomatie. Und die der Sowjetunion abgerungene Mitgliedschaft des wiedervereinigten Deutschlands in der NATO war eine persönliche Meisterleistung des Bundeskanzlers. Was Helmut Kohl, mit seinem exzellenten außenpolitischen Berater und Verhandlungsführer Horst Teltschik, sowie sein Außenminister Hans-Dietrich Genscher in diesen Monaten bis Ende 1990 geleistet haben, ist in seinen geschichtlichen Folgen für Deutschland, Europa und die Welt gar nicht zu ermessen. In jedem Falle hat es das Schicksal Deutschlands für viele Jahrzehnte in das 21. Jahrhundert hin-

ein positiv bestimmt und Millionen von Menschen die Freiheit zurückgegeben. Alle Akteure dieser Zeit werden einen herausragenden Ehrenplatz im Buch der Geschichte erhalten.
Diese fundamentale Veränderung hat bei uns und in Europa alle bisherigen Bezüge und Koordinaten in eine völlig neue Ausgangslage gebracht. Das macht bei uns gründliches Nachdenken, Neudefinieren und Neuformulieren der deutschen Interessen unserer Außenpolitik in Europa und der Welt erforderlich. Dies war offensichtlich im Überschwang der Freude über die Ereignisse und die realisierten Ziele vergessen worden. Die politische Klasse war erst einmal auf Urlaub gegangen. Die Routine lief weiter, als wäre nichts gewesen – obwohl wir in den Monaten bis Ende 1990 den größten politischen Sprung seit dem Ende des Zweiten Weltkriegs und der Teilung Deutschlands vollzogen haben.

»Out of area« oder »die verlorene Sicherheit«

Die Denkarbeit, welche Faktoren unserer Politik müssen bleiben und in ihrer Zielsetzung bekräftigt werden, um Stabilität, Berechenbarkeit und Kontinuität der deutschen Außenpolitik sichtbar zu machen, insbesondere gegenüber unseren Verbündeten, und welche Faktoren müssen umgesteuert, neu definiert und neu formuliert werden, um der veränderten Lage in Deutschland und Europa gerecht zu werden, hat offensichtlich nicht stattgefunden. Und wenn es irgendwo im einsamen Kämmerlein, in den Studierstuben von Planungsabteilungen stattgefunden haben sollte, ist es nirgendwo klar politisch in Erscheinung getreten und damit auch nicht wirksam geworden. Die Dringlichkeit dieser politischen Aufgabe scheint schlicht übersehen worden zu sein. Offensichtlich hat man auf Zeit gesetzt. Aber daß sich auch hier die Weltgeschichte nicht nach den Urlaubsplänen der deutschen Politik richtet, haben wir in den letzten zwei Jahren bitter erfahren müssen. Der Golf-Krieg war hier schon eine erste Warnung. Nicht wir haben die neuen Prioritäten bestimmt, sondern die Ereignisse haben uns getrieben und uns von einer Unzulänglichkeit in die andere gejagt. Alle Welt hat erstaunt beobachtet, wie schlecht wir unsere eigenen Hausaufgaben gemacht haben. Wir redeten vollmundig von dem nunmehr »souveränen Deutschland«, welches »Verantwortung übernehmen« müsse, und klammerten uns in der politischen Praxis verängstigt und kindlich an juristische Konstruktionen des überholten Koordinatensystems einer vergangenen Weltepoche. Wir wunderten uns, daß wir uns mit jedem Tag mehr bei unseren Nachbarn, in West- und Osteuropa, und auch in der übrigen Welt isoliert haben. Auch die peinliche Scheckbuch-Diplomatie unseres Außenministers war nicht geeignet, dieses Defizit zu überdecken und Respekt für unsere (Nicht-)Position zu gewinnen. Die Auswirkung dieser unterlassenen Schulaufgaben war insbesondere für unsere Bundeswehr mehr als irritierend. Von politischen Äußerungen ihrer Nutzlosigkeit für unsere Zukunft bis hin zu einer vollständig unveränderten Fortführung ihrer Ziele und Konzepte konnten wir alles in der politischen Diskussion vernehmen. Für die einen ein angenehmer Steinbruch, an den man jetzt so richtig herangehen könnte, für die Pazifisten die Zeit, daß man jegliche Geldausgabe in die Bundeswehr zu unterlassen habe, und für viele andere, die greifbare Möglichkeit, die Entwicklungshilfe dramatisch zu erhöhen. Eine groteske Verwirrung schien die Diskussion zu beherrschen. Erst langsam findet auch die Regierung zu einer überlegten und konsistenteren Politik der Glaubwürdigkeit zurück – sowohl den Bundeswehrangehörigen als auch dem eigenen Volk gegenüber. Aber diese Zeit der Irritationen hat überall negative Spuren hinterlassen.

Die SPD hat sich in diesem jammervollen Theaterstück deutscher Sicherheitspolitik selbst in die mieseste Rolle gedrängt. Statt die Regierung auf ihre schlimmen Defizite und unerledigten Aufgaben aufmerksam zu machen, statt bei der notwendigen Neupositionierung Deutschlands im Rahmen des Bündnisses, im Rahmen Europas und im Rahmen der Vereinten Nationen ein Beispiel konstruktiver Mitarbeit zu geben, gefiel sich die SPD in der Rolle des absolut negativen, destruktiven, rückwärtsgewandten Schreihalses, welcher durch festes Augenschließen die neuen Realitäten bestreitet und die Bundesregierung bei ihren zarten Versuchen, erste Schularbeiten anzugehen, durch hysterisches und polemisches Geschrei – »Kanonenbootpolitik«, »Militarisierung der deutschen Außenpolitik« – vor der Öffentlichkeit und dem Bundesverfassungsgericht denunziert. Dabei blubberten aus den verdunkelten Bauchecken des großen SPD-Bauches veraltete pazifistische Urtöne, gemixt mit Friedenssehnsucht und neuen Utopien wieder hoch: Am besten gar keine Bundeswehr, Dispensierung von Solidarität gegenüber unseren Verbündeten und den Vereinten Nationen, und, sofern es nicht um die Verteidigung des eigenen Bodens geht, keine Einsätze deutscher Truppen außerhalb deutscher Grenzen; und überhaupt: Wir Deutsche haben ein so besonders leidvolles Schicksal gehabt, daß die Welt auch Verständnis dafür haben muß, daß wir heute und in Zukunft eine von allen anderen Nationen abgesetzte, besondere (eben »nur dem Frieden dienende«) Rolle spielen dürfen. Welche unglaubliche Hybris und Arroganz in dieser Einstellung liegt, scheinen viele nicht zu bemerken. Wie lange wird es wohl noch dauern, bis die SPD gelernt hat, die Welt, unverstellt durch Parteitagsbeschlüsse, offen, aufnahmebereit, realistisch und bescheiden zu sehen? Wir sollten uns gerade bemühen, gegenüber den anderen Nationen und insbesondere gegenüber unseren Verbündeten *nicht eine »Sonderrolle zu spielen*«. Unser Ziel muß es sein, unsere Interessen klar zu definieren, unsere Demokratie selbstbewußt zu leben und eine konstruktive, problemlösende Rolle innerhalb unseres Bündnissystems zu spielen – ohne Selbstmitleid, ohne Überheblichkeit, ohne Sonderansprüche und ohne Seelenblähungen. Unser kindisches Verlangen, daß wir aus unserer Geschichte, aus unserem Schicksal, aus unserem Wesen heraus eine besondere Behandlung verdienen, müssen wir nach fast 50 Jahren seit dem Zweiten Weltkrieg nun endlich ablegen. Je schneller die SPD sich in dieser Beziehung selber »normalisiert«, um so größer wird ihre Wahlchance sein; denn bisher kann sie den Bürger nur verschrecken bei dem Gedanken, daß die deutsche Außenpolitik in ihre Hände gelegt werden sollte.

Aber auch die Koalition spielte in diesem Stück eine nicht gerade imponierende Rolle. Da die FDP sich von früheren Positionen – durch juristische Spitzfindigkeiten verbrämt – nicht lösen konnte und der Mut zur Neupositionierung fehlte, wurde sie ein immer schwererer Klotz am Bein der Koalition. Da sie selbst den Außenminister stellt, der die Notwendigkeit der Neupositionierung jeden Tag hautnah spürt – und dann auch als »grundsätzlich« dringende Aufgabe überall anerkennt und beschwört –, andererseits die früheren restriktiven und heute untauglichen Positionen seines Vorgängers nicht wagt, offen zur Disposition zu stellen, führt er am politischen Reck vor aller Öffentlichkeit mit verrutschter Hose die gewagtesten Verrenkungen aus. »Grundsätzlich« beschwört Kinkel immer das Richtige; aber seine dann folgenden konkreten Vorschläge verrennen sich in einem Knäuel von Realität und Wunschvorstellung zugleich, so daß er sich am Ende immer mehr in einem Gefängnis der Selbstfesselung findet. Auf den erlösenden gemeinsamen Kuß von Union und SPD, auf den er offenbar immer wieder hofft, hat er nun schon lange warten müssen – zum Nachteil der Handlungsfähigkeit und der Beweglichkeit der von ihm verantworteten Außenpolitik.

Es ist schade, daß sein Vorgänger, Außenminister Genscher, nicht die Größe hatte, noch selbst den Befreiungsschlag auszuführen. Er hätte den Leidensweg der FDP um Jahre verkürzen und seinem Nachfolger den Weg bereiten können – zum Nutzen aller.

Der größere Koalitionspartner, die politisch dominante CDU/CSU, immerhin noch 1990 durch den Wählerwillen recht eindrucksvoll bestätigt, spielt in diesem deutschen Theaterstück auf der Regierungsbank eine erstaunliche Rolle: Sie hat sich auf die Zuschauerbank im Balkon des Theaters begeben und begleitet die Schauspiele der SPD und FDP auf der Bühne durch kluge und bedeutende Zwischenrufe – untadelig! Wenn Empörung und Erregung der eigenen Truppe (CDU/CSU-Fraktion) im Zuschauerraum des Theaters angesichts akkrobatischer Szenen auf der Regierungsbühne unüberhörbar werden, benutzen Fraktions- und Parteispitzen der Koalitionspartner eine Spielpause zwischen den Akten, um die Rolle der FDP etwas umzuschreiben und die krassen Meinungsunterschiede zu mildern. Da der CDU/CSU-Fraktion die vom Bundeskanzler praktizierte unendliche Geduld abgeht, den kleinen Partner mit gutem Zureden zu behandeln und politisch zu schonen, gestand man ihr zu, mit einer kleinen Nebenrolle auf der Bühne des Theaters zu erscheinen und einen selbstentworfenen Text – ohne diplomatische Rücksichten auf den kleinen Partner – vor aller Öffentlichkeit zu sprechen: Die CDU/CSU konnte vor dem Bundesverfassungsgericht eine eigene Stellungnahme vertreten (Adria-Schiffe), die an wünschenswerter Klarheit nichts fehlen ließ. Doch damit nicht genug. Jetzt war im Koalitionsproporz wieder die FDP an der Reihe, denn sie hatte inzwischen einen üblen Anfall von Profilneurose erlitten. So durfte sie sich bei dem nächsten Verfahren vor dem Bundesverfassungsgericht (Entscheidung AWACS) von der Regierungskoalition kurz verabschieden, um gemeinsam mit der Opposition die in der Regierung gefaßten Beschlüsse verfassungsrechtlich zu bekämpfen. Dieses hat zwar nicht zum Sieg vor dem Bundesverfassungsgericht geführt – aber das war ja wohl auch so kalkuliert, daß der Sieg, um Gottes willen, nicht eintreten möge. (Ein Sieg hätte die FDP-Strategen vollständig aus der Bahn geworfen!) Und so waren alle froh, daß der Beschluß der Bundesregierung vom Bundesverfassungsgericht nicht umgestoßen wurde, und nunmehr beide Koalitionspartner sich gemeinsam als Sieger empfinden konnten. Da kann man nur sagen: Mühsam ernährt sich in Deutschland das Eichhörnchen! Immerhin: Schritt um Schritt gehen wir weiter in die richtige Richtung. Wenn der D-Zug der Weltgeschichte an uns vorüberfährt, und die Insassen im Zug aus dem Fenster schauend behaupten, wir würden uns gar nicht bewegen oder auf der Stelle treten, dann ist das natürlich eine üble Verleumdung!

Aber was soll das deutsche Publikum zu diesem Possenspiel sagen? Selbst beim besten Willen hat es dieses Theaterstück nicht verstanden. Es war auch wirklich nur für Insider zu verstehen. Auch die Versicherung, daß es sich hier um eine »Geschichte aus dem echten Leben« handelt, konnte nur zur Satire und Ironie verleiten. Doch die Spieler, von der hohen Verantwortung und dem Ernst der Aufgabe zu Recht überzeugt, wollen nur sehr ungern zur Kenntnis nehmen, daß solche Rollenspiele nicht das allgemein beschworene Verantwortungsbewußtsein stärken, sondern eher Empörung und Gelächter auslösen. Und wenn dann gelegentlich sogar nach dem Regisseur oder nach dem Intendanten gefragt wird, empfinden diese das allemal als ungerecht: schließlich ist das Ensemble noch beisammen und führt jeden Tag ankündigungsgemäß und ordnungsgemäß sein Theaterstück auf. Fragen dieser Art sind also ungebührlich!

Mut zu rechtzeitigen Strukturreformen oder Warten auf die Eruption an der Basis?

Wenn sich ein System in seiner Fähigkeit, die notwendigen Entscheidungen zu treffen und die Herausforderungen angemessen zu beantworten, nicht mehr bewährt, dann ist es sogar unsere Pflicht, nach Alternativen Ausschau zu halten, ehe wir durch revolutionäre oder emotional bestimmte Basisbewegungen dazu gezwungen werden. Letztlich muß es unser oberstes Ziel sein, unsere Demokratie, unseren Rechtsstaat, unsere Soziale Marktwirtschaft, unsere hochentwickelte soziale Ordnung – und diese durch Systemkorrekturen ohne Wucherungen und massenhafte Mißbräuche – so zu verankern, daß wir das nächste Jahrhundert mit seinem Problemgebirge bewältigen können.

Es kann sich durchaus herausstellen, daß unsere Reformunfähigkeit nicht nur an den Personen, sondern am System selbst liegt, wie es sich in den vergangenen Jahrzehnten in der Bundesrepublik Deutschland entwickelt hat. Wenn sich die Unfähigkeit der Koalition, zu schnellen Beschlüssen zu kommen, gegenüber der Öffentlichkeit übereinstimmende und plausible Erklärungen über die Beschlüsse abzugeben, fortsetzt, bei der Umsetzung von Beschlüssen erneut Schwierigkeiten auftreten, Bundestag und Bundesrat durch Interessenüberlagerungen das Bild weiter verwirren, wird es zu einem solchen Verschleiß der beiden großen Parteien kommen, daß uns eine Vielzahl kleiner Interessenparteien im Parlament gegenübersitzen werden. Die Regierungsunfähigkeit wird auf dem Fuße folgen. Als Frankreich diesen Zustand erreichte, wurde das Wahlsystem drastisch geändert. Als Italien einen entsprechenden Grad der Ineffizienz und Korruption seines Systems aufwies, wurde der Ruf nach einer grundlegenden Veränderung des politischen Systems, für einen Neuanfang der Demokratie unüberhörbar. Eine völlige Veränderung der Parteienlandschaft und eine Änderung des Wahlsystems zu einem Mehrheitswahlsystem steht dort jetzt vor der Tür. Hätte dieses ein einziger Mensch vor drei Jahren prophezeit? Wenn unser Versuch, die grundlegenden Umsteuerungen in den nächsten 1 bis 4 Jahren vorzunehmen, scheitert, werden wir in kürzerer Zeit, als sich das manche vorstellen können, vor ähnlichen Problemen stehen.

Auf zwei weiteren Feldern stehen wir ebenfalls vor schwierigsten Aufgaben. Es sind jene Felder, die unser Denken, unser Bewußtsein, unseren Wertekosmos und unsere Handlungsfähigkeit bestimmen: unsere Erziehungseinrichtungen und die Medien. Diese Problemfelder bedürfen eigener, sehr tiefgründiger Betrachtungen und Reflektionen. Nur soviel sei hier gesagt: Wenn nur einer der beiden Bereiche den Umbau unserer Gesellschaft dauerhaft negativ begleitet – sei es durch geistiges Unvermögen, durch Festhalten an überholten Weltbildern, durch Gleichgültigkeit, durch Lust an Negativ-Kritik, Zynismus oder Weltverachtung – kann dieses mühsame Experiment des Umbaues unserer Gesellschaft nur schwerlich gelingen. Die nächste Generation, die vor dem Problemgebirge des 21. Jahrhunderts steht, braucht Werte, Prinzipien, Realitätssinn, positive Beispiele der Problembewältigung – und auch Ermutigung.

Diese positive Bewußtseinsbegleitung ist nicht nur für den Staat des wiedervereinigten Deutschlands wichtig; sie spielt auch eine herausragende Rolle für das Zusammenleben des einzelnen mit seiner Familie, seinen Freunden, seinen Verwandten und Berufskollegen. Wir hatten nicht nur politisch, nicht nur wirtschaftlich gegensätzliche Welten im Osten wie im Westen Deutschlands, die sich vom System her gegenseitig ausgeschlossen haben; sondern diese Trennung hatte sich durch das geschichtliche Schicksal auch im Kopf und in den Herzen der Menschen entwickelt. Diese Erkenntnis kam offensichtlich erst nach der Wiedervereinigung voll ins Bewußtsein. Das System der Freiheit und das System der Unfreiheit entwickelte in beiden Teilen Deutschlands jeweils komplementäre Tugenden bzw. Untugenden: Im Westen gelang der zweite Versuch des Aufbaus eines demokratischen Rechts- und Sozialstaates recht gut; aber mit zunehmender Freiheit und Wohlstand kamen auch die Unzulänglichkeiten des einzelnen Menschen um so deutlicher zum Vorschein: zunehmende Bindungslosigkeit, Werte- und Sittenverfall, Oberflächlichkeit, Egoismus, Eitelkeit, Zynismus und destruktives Denken. Im Osten entwickelte sich die Szene geradewegs umgekehrt: Unter dem Zwang des totalitären Regimes entwickelten sich im persönlichen Bereich auch sehr wichtige Tugenden: Tugenden des Helfens von Mensch zu Mensch, der privaten Kultur, der Innerlichkeit, der Charakterfestigkeit bis hin zum Doppelleben, wo das Echte und Wahrhaftige für das Leben nach innen reserviert und die Lüge zum Überleben nach außen geübt wurde. So trafen nicht nur gegensätzliche politische Systeme mit der Wiedervereinigung aufeinander, sondern zwei fein ausdifferenzierte Welten standen sich plötzlich unvermittelt gegenüber, mit einem großen Knall des Wiedersehens, der privaten Freude – neben der wiedergewonnen staatlichen Einheit unseres Vaterlandes. Doch zunehmend dämmert die Erkenntnis, daß keiner es wagen kann, im Blick auf das gerade Vergangene, sofort gültige Urteilsmaßstäbe für die Menschen in ganz Deutschland festzulegen und gut und böse, Recht und Unrecht, richtig und falsch, gerecht und ungerecht zu verkünden! Das gegenteilige Mittel, die schnelle Verkündigung von Amnestien, ist genauso untauglich. Diese Hybris der schnellen Maßstäbe wird uns noch zu schaffen machen! Die wichtigste Erkenntnis aus diesem Ereignis ist, daß auf beiden Seiten »aufgearbeitet« werden muß. Nur diese Bemühung schafft die Voraussetzung, daß wir die vor uns liegende geistige und politische Aufgabe bewältigen können. Und dieses wiederum ist die Voraussetzung für das Gelingen des ökonomischen Aufbaus im Osten, der Wiederbelebung im Westen und damit auch des Wiederfindens der gemeinsamen Identität.

2. Europa und die Welt

Am Ende des zweiten Jahrtausends steht Europa vor der größten Herausforderung seiner Geschichte. Zweifelsohne war die zweite Jahrtausendhälfte die große europäische Epoche der Weltgeschichte. Diese globale Dominanz war weder zwangsläufiges Weltschicksal noch ein Spiel des Zufalls. Es war das Ergebnis ganz spezifischer und historisch einmaliger Konstellationen. Die klimatischen Bedingungen und seine geographische Vielgliedrigkeit bildeten den idealen Boden für die Entfaltung verschiedenartiger Völker und Volksstämme. Die geographisch günstige Zuordnung von Meeren, Inseln, Halbinseln und eine nicht zu große Fläche des Kontinents formten eine zusammenhängende Zivilisations- und Kulturlandschaft. Die Zivilisationsschichtung bildete sich durch immer neue Überlagerungen von Volksstämmen aus dem Osten, während die kulturelle Durchmischung durch die sich immer wieder erneuernden Kulturströme aus dem Mittelmeerraum und dem Nahen Osten gespeist wurde. Die Völkerwanderung, die Einbrüche der germanischen Stämme, der Slaven, der Tartaren und Mongolen beförderten Teile der europäischen Kulturlandschaft zwar immer wieder fast in den Abgrund der Geschichte – aber gleichzeitig wuchsen der europäischen Zivilisation dadurch immer wieder neue, junge Kräfte zu, welche die alten Kulturvölker aus ihrer Lethargie, ihrer Dekadenz und ihrer Erstarrung erweckten. Gleichzeitig entfesselte der Prozeß der Durchdringung und Überlagerung der Volksstämme neue Spannungen und Antriebskräfte, welche die Völker Europas zu immer neuen Ufern aufbrechen ließen. So fügten der griechische Geist mit seinem philosophischen Tiefgang und seiner wissenschaftlichen Neugier, das Römische Weltreich mit seinen Rechtsgrundsätzen und politischen Ambitionen und die christliche Botschaft mit ihren überwältigenden Dimensionen der Gott- und Menschfindung jenes Fundament zusammen, auf dem europäische Geschichte zweitausend Jahre weiterbauen konnte.

Nach dem Untergang des Römischen Weltreiches und dem Ansturm der Germanenstämme dauerte es zwar einige Jahrhunderte, bis die neuen biologischen, ökonomischen und geistigen Schichtungen eine neue Dynamik der europäischen Geschichte entfalteten. Aber die kulturelle und politische Wiedergeburt des mittelalterlichen Europas verband alle drei geistigen Ausgangsströme, die griechische Philosophie, das Römische Weltreich und die christliche Botschaft, zu solcher Stärke, daß sie die Antriebskräfte für den weiteren Verlauf des zweiten Jahrtausends bildeten und insbesondere in der zweiten Hälfte dieses Jahrtausends zur einzigartigen Weltstellung Europas geführt haben. Was macht diese spezifische Entwicklung des Abendlandes, die sich von allen anderen Kulturen dieser Welt, soweit sie uns zugänglich geworden sind, unterschieden hat, aus?

Es waren dies vor allem die individuelle Prägung der Völker, der Geist der wissenschaftlichen Rationalität und die Hervorbringung des Rechtsstaates. Georg Stadtmüller beschreibt diesen Zusammenhang in seinem Buch »Grundfragen der europäischen Geschichte« sehr eindrucksvoll: »Zwar ist es überall in der Geschichte der Menschheit so, daß Völker die Träger der geschichtlichen Entwicklung sind. Es gibt nirgendwo eine allgemeine Menschheitsgeschichte, außer als Geschichte von Völkern und Völkergruppen und Völkergemeinschaften. Im Abendland aber ist eine merkwürdige individuelle Prägung der Völker vom Geistigen her festzustellen. In den übrigen Kulturwelten fehlt diese Prägung vom Geistigen her. Im Abendland sind die Völker so stark von der christlichen Glaubensverkündung erfaßt worden, daß von hier aus sich ihrem Bewußtsein die Frage auftat nach Sinn, Berechtigung und Aufgaben der Völker in dieser Welt. Die christliche Geschichtsdeutung des Mittelalters hat zunächst die Kirche ganz und gar in den Mittelpunkt der Geschichtserklärungen gestellt. Die Kirche hat die Aufgabe, diese Welt zu gestalten. Als dann im Spätmittelalter das einheitliche Geschichtsbild des christlichen Mittelalters zerbrach, da machten die verselbständigten Völker sich auch diese christliche Geschichtsdeutung zu eigen und bezogen sie nunmehr auf sich selbst. So kommt es, daß nunmehr die Völker begannen, von ihrer Aufgabe und von ihrer Sendung zu sprechen. Dies ist der Anfang der nationalen Geschichtsideologie, aber auch des nationalen Selbstbewußtseins und der großen nationalen Eigenleistungen, die aus der abendländischen Geschichte nicht weggedacht werden können.

Ein zweites Spezifikum der abendländischen Geschichte ist der Geist der wissenschaftlichen Rationalität. Er verdankt seine Grundlegung dem hellenischen Geist. Er wirkt dann fort in dem Versuch einer wissenschaftlichen Theologie und nach der Neuentdeckung des Aristoteles im Hochmittelalter in dem Versuch, diese Theologie mit philosophischen Mitteln zu unterbauen. So entstanden die großen Systeme der scholastischen Theologie und Philosophie. Von diesen aber führte der Weg einerseits in die Entfaltung der exakten Naturwissenschaften, andererseits in die philosophischen Systeme und Ideologien der Neuzeit. Man mag diese Entwicklung bejahen oder verneinen, sie ist sicher charakteristisch für die abendländische Geschichte, und man wird auch sagen können, daß die Beantwortung der großen Fragen, die uns heute aufgegeben sind, auf abendländischem Boden nicht möglich sein wird, außer aus diesem Geiste der wissenschaftlichen Rationalität heraus.

Die dritte und vielleicht großartigste Leistung der abendländischen Geschichte ist die Hervorbringung des Rechtsstaates. Er ist nur auf abendländischem Boden entstanden und nur hier möglich. Ein Blick in die orthodoxe Welt des östlichen Europas zeigt bereits, wie wenig selbstverständlich die rechtsstaatlichen Anschauungen und Einrichtungen des öffentlichen Lebens an sich sind. Die Grundlage für die Hervorbringung des Rechtsstaates ist der Selbständigkeitsanspruch der katholischen Kirche gewesen. Sie hat ihn in harten Kämpfen gegenüber dem Staat – gegen byzantinische Kaiser, gegen deutsche und französische Könige – durchgesetzt und ausgebaut. Die wissenschaftliche Naturrechtslehre, die von der katholischen Moraltheologie entwickelt wurde, war die Waffenkammer der Argumente, mit denen der Absolutheits- und Alleinherrschaftsanspruch der staatlichen Gewalt zurückgewiesen werden konnte. Der christlich gewordene Staat mußte auf die antik-vorchristliche Gleichsetzung von Staat und nationaler Kultgemeinschaft verzichten. Zunächst verteidigte die Kirche ihren religiösen Bereich als staatsfreien Eigenbezirk; dann folgten dem Beispiel der Kirche der Adel und schließlich auch die Städte. Durch das Zusammentreten der spruchberechtigten Vertreter dieser drei Stände – Kirche, Adel, Städte – bildete sich im Spätmittelalter das ständische Parlament. Dies ist die geschichtliche Wurzel des parlamentarischen Rechts- und Verfassungsstaates, der in der Neuzeit durch die Proklamation des Prinzips der Gewaltenteilung zum bewußten Kunstwerk des öffentlichen Lebens ausgestaltet wurde. Er ist auf abendländischem Boden entstanden und nur aus den Wurzelkräften der abendländischen Geistesgeschichte verständlich.«

Dieser universale Denkansatz führte zu einer universalen Orientierung der europäischen Geschichte. Man zog zu Beginn der zweiten Hälfte dieses zweiten Jahrtausends aus in die Welt, aus Neugier, aus Abenteuerlust, aus wissenschaftlichem Forschungstrieb und aus dem festen Glauben heraus, daß die christliche Botschaft für alle Menschen geoffenbart wurde und daher auch überall in der Welt gehört werden müsse. Der naturwissenschaftliche Ansatz, die Überlegenheit der sich rasant entwickelnden technischen Errungenschaften verstärkten diesen Glauben. Die europäischen Völker schickten sich an, nicht nur ihre Botschaft in die Welt zu senden, sondern nunmehr auch diese Welt selbst zu erobern. Sie gründeten ihre Kolonien, betrieben einen umfassenden Welthandel und stellten zunehmend den Machtanspruch, diese Welt zu regieren. Welch ein Unterschied zur chinesischen Kultur, die einen ähnlich universellen geistigen Denkansatz hatte! Ähnlich, wie die Europäer sich in der Neuzeit als Mittelpunkt der Welt empfanden, hatte die chinesische Philosophie das »Land der Mitte«

schon lange als Mittelpunkt der Kultur und Zivilisation dieser Welt empfunden. Aber während die Europäer daraus die Notwendigkeit ableiteten, alle Menschen von ihrer Botschaft zu überzeugen und am Ende sich mit Macht und Gewalt die übrigen Kontinente untertan zu machen, führte die chinesische Philosophie zum gegenteiligen Standpunkt: »Wir, die Chinesen, sind der unverrückbare Mittelpunkt und Höhepunkt der Weltzivilisation. Wir laden alle Völker ein, dieser Zivilisation teilhaftig zu sein und Delegationen in unser Reich zu entsenden. Wenn diese Delegationen ihren Tribut hier abgeliefert haben, dann werden wir sie großzügig und großmütig an den Segnungen unserer Kultur teilhaftig werden lassen.« Vom europäischen Expansionsstreben war hier nichts zu spüren. Aber in der Betonung des einzigartigen universalen Anspruchs, den Höhepunkt menschlicher Existenz gefunden zu haben, standen sich beide Kulturen nicht nach. Und ihre Arroganz, ihre Verblendung und Verkennung der Realitäten auf dieser Welt führte daher auch beide zum Scheitern ihres Anspruchs, aber jeder hatte sein spezifisches Scheitern. Europa mußte im 20. Jahrhundert seine Kolonien alle wieder aufgeben, während die Chinesen in der gleichen Zeit einsehen mußten, daß sie ihre Gesellschaft von Grund auf ändern mußten, um in der Neuzeit wenigstens ein gleichgewichtiger Partner auf der Bühne der Weltpolitik zu werden. Für beide Kulturen eine schwierige, kaum zu verkraftende Lektion.

Der Aufstieg und Absturz der europäischen Mächte als Folge ihrer geistigen Entwicklungsstufen lassen sich sehr transparent nachzeichnen. Solange die individuell geprägten europäischen Völker ein gemeinsames religiöses und kulturelles Fundament hatten, miteinander in einen echten politischen, wirtschaftlichen und wissenchaftlichen Wettbewerb traten, konnten sie die Balance zwischen Anspruch und Wirklichkeit, zwischen Idee und Realität noch halten. Aber der auf der religiösen Botschaft beruhende Anspruch der europäischen Völker mußte zu großen Erschütterungen führen, als geistesgeschichtlich die Theologie als Königin des Denkens durch die neuen philosophischen und wissenschaftlichen Disziplinen abgelöst worden ist.

Das große Werk des Nikolaus Kusanus, der noch ganz geprägt war von der theologischen Dominanz, aber in seinem Denken Philosophie und Wissenschaft schon fast vollständig verselbständigte und als eigenständige Fragestellung in sein großes Denkgebäude einfügte, ist ein herausragendes Beispiel für diese Übergangszeit vom Mittelalter in die Neuzeit. Er war noch in der Lage, diese schwierige Balance zu halten. Anders aber die politische Realität. Der Abwehrkampf der Kirche um den Erhalt ihrer auf der geistigen Dominanz fußenden Privilegien entlarvte zusehends die Tatsache, daß diese große religiöse Institution zwar politisch mächtig, jedoch durchaus nicht mehr auf der geistigen Höhe der Zeit war. Die theologische Oberflächlichkeit, gewachsen aus der Bequemlichkeit irdischer Macht – auch in der Kirche ist eben »das Fleisch schwach«! – beschleunigte die Erosion der religiösen Fundamente. Die Verkennung der naturwissenschaftlichen Dynamik als neue Antriebskraft wissenschaftlicher Forschung beschleunigte den stürmischen Aufstieg der neuzeitlichen politischen und wissenschaftlichen Ideen. Und so ließ Europa seine Schicksalswellen sozusagen ungebrochen die ganze Welt erschüttern. Von der christlichen Botschaft bis zur Irrationalität der menschenverachtenden Ideologien des 19. Jahrhunderts und den politischen Machtkämpfen, die in deren Gefolge im 20. Jahrhundert die ganze Welt erschütterten, wurde auf den verschiedensten Kontinenten dieser Welt europäische Geschichte zum Weltschicksal. In dieser Epoche, beginnend etwa

vor 400 Jahren, erlebte die Welt, im Verhältnis zur Kürze des Zeitablaufs, ihre größte Transformation. Europäischer Geist, europäische Technik und Wissenschaften veränderten den Globus. Europäische Machtinteressen wurden zu einem weltweiten Machtspiel. Die verschiedenen Kulturen dieser Welt wurden durch zunehmende Verbindungen und Kommunikation einander nähergebracht.
Was die europäischen Ideen angeht, so wirkten sie überall kräftig nach und führen auch heute noch in den verschiedensten Gegenden dieser Welt zu heftigen Auseinandersetzungen. Christentum und Marxismus, Demokratie und ideologisch begründete Diktaturen, Menschenrechte und Menschenverachtung, überzogener Nationalismus und die Ideen des Verfassungsstaates, des Völkerrechts liegen heute weltweit im Kampf miteinander.

Die expansive Epoche der europäischen Mächte fand allerdings in unserem Jahrhundert ihr wohlverdientes Ende. Durch gottlose Ideologien fehlgeleitet, entwickelten die Europäer eine fast grenzenlose Hybris, das Schicksal dieser Welt nach eigenen Vorstellungen und Machtvollkommenheiten bestimmen und gestalten zu können. Natürlich gab es auch und gerade in Europa ausgezeichnete Menschen und Ideen, die sich aufs Äußerste bemühten, sich diesem Wahn entgegenzustellen. Aber sie waren doch zu schwach, um diesem wilden Sturm entfesselter Triebe etwas Wirksames entgegenstellen zu können. Erst der entschlossene Kampf der USA und der Sowjetunion bereitete dem Spuk in Europa ein bitteres Ende. Jetzt wurden es die USA und die Sowjetunion, welche in erster Linie das Schicksal dieser Welt bestimmten und nach 1945 auch auf dem europäischen Kontinent tonangebend geworden sind. Deutschland, nach dem selbst herbeigeführten Scherbenhaufen seiner Geschichte, mußte 1945 als geteiltes

Land neu beginnen. Die übrigen Mächte Europas begriffen erst langsam, daß auch für sie die Weltgeltung unwiederbringlich beendet ist.

Das Ende der Kolonialzeit Europas wurde geschichtliche Realität. Zurückgeworfen auf ihre kontinentalen Grenzen, eingeklemmt zwischen dem westlichen Führungsanspruch der Vereinigten Staaten und der Bedrohung durch die Sowjetunion im Osten fand sich dieses Europa erstaunlich schnell mit der neuen Lage zurecht. Es machte das in dieser Lage einzig Richtige, was man machen konnte: es leitete die Einigung des europäischen Kontinents ein und bemühte sich, die »Erbfeindschaften« unter den europäischen Nationen für immer zu begraben. Da die Öffnung zur Welt nicht mehr über die Schienen des Kolonialsystems des 19. Jahrhunderts liefen, öffnete es seine Grenzen für den Welthandel und beflügelte damit nicht nur den Warenaustausch aus aller Welt, sondern stärkte vor allen Dingen auch die eigenen Marktkräfte in Europa. Zum Binnenmarkt Europas gesellte sich zunehmend die Internationalisierung der Wirtschaft, so daß Europa durch Export und Auslandsinvestitionen auf der Welt präsent blieb. Gleichzeitig schufen die großen Demokratien der Welt die Atlantische Gemeinschaft, um Sicherheit zu gewinnen und ihr Schicksal miteinander zu verbinden. Diese konstruktive Phase des Westens, die sich zwischen 1950 und 1960 etablierte, war von einer solchen Weitsicht geprägt, daß man die Staatsmänner dieser »Ersten Stunde« nach dem Krieg nur bewundern kann. Für Europa war damit nicht nur eine politische Orientierung gegeben, welche die Chance beinhaltete, wenigstens »Mitspieler« auf der Bühne der Weltgeschichte zu bleiben; es ermöglichte auch den wirtschaftlichen Wiederaufstieg des Kontinents. Trotz des Verlustes der Kolonien, der insbesondere in England große Wunden hinterließ, erreichte Europa insgesamt ein Wohlstandsniveau und einen sozialen Standard, wie nie zuvor in seiner Geschichte. Die Schaffung des gemeinsamen Binnenmarktes, die Harmonisierung der unterschiedlichen Marktregeln durch die Europäische Gemeinschaft, die konstruktive Ausgestaltung des Welthandels schufen die Grundlagen für eine einmalige Blütezeit.

Die »Stille Revolution« mit ihrem Durchbruch zur menschlichen Freiheit und zum Rechtsstaat und die ernsthaften Versuche der Staatengemeinschaft, über kollektive Sicherungssysteme auf der Grundlage der Menschenrechte eine gewisse Ordnung auf dieser Welt zu schaffen, sind immerhin positive Langzeitwirkungen europäisch-amerikanischer Ideen auf dieser Welt. Vielleicht dürfen sie uns auch die Hoffnung geben, daß die Bilanz der Wirkungen Europas auf die Welt eines Tages nicht so schlecht ausfällt, wie das heutzutage oft aussieht und was heute auch sehr häufig politisch gegen Europa ins Feld geführt wird.

Europäische Wirtschaftspolitik – Folgt ein neuer Frühling?

Es lohnt sich, die Voraussetzungen für diese Blütezeit nach 1945 genauer zu untersuchen: Die europäischen Völker wurden wieder auf ihre eigenen Grenzen zurückgeworfen und mußten ihre Schulaufgaben zu Hause machen. Und diese Aufgaben erledigten sie gut. Toynbee würde sagen, die Europäer haben eine historische Herausforderung schicksalsgerecht beantwortet:

1. Die westlichen Siegermächte behandelten die am Boden liegenden Deutschen sehr bald mit großer Klugheit, insbe-

sondere die USA; sie halfen ihnen politisch und wirtschaftlich wieder auf die Beine und nahmen sie Schritt für Schritt in den Kreis der westlichen Demokratien auf.

2. Die europäischen Völker erkannten sehr schnell, daß sie nur gemeinsam noch eine Chance haben, auf der Bühne der Weltgeschichte ein Wort mitzureden. Sie wollten der Gefahr entgehen, nur ein willenloses Objekt politischer Entscheidungen der Supermächte USA und Sowjetunion zu werden. Da dieses ein gemeinsames Interesse war, fiel es ihnen leichter, jahrhundertealte Erbfeindschaften zu begraben; mit den Römischen Verträgen begann die große Epoche des europäischen Einigungswerkes.
3. Die Herstellung des europäischen Binnenmarktes mit einer Bevölkerungszahl von etwa 347 Millionen beförderte Europa wirtschaftlich in eine ungewöhnlich erfolgreiche Periode. Das Marktpotential, starke Nachfrage der europäischen Völker, ungehindert durch Abschottung und Grenzbarrieren, sowie eine damit einhergehende kostengünstige Massenproduktion löste jene Dynamik aus, von der die Wirtschaftstheoretiker immer träumen. Da gleichzeitig mit der Schaffung dieses Binnenmarktes eine starke Liberalisierung des Welthandels einherging, wurde Europa zu einem der interessantesten Partner aller anderen Wirtschaftsregionen und Wirtschaftsnationen der Welt.
4. Durch die Nordatlantische Gemeinschaft wurde jene langfristig kalkulierbare Sicherheit in Europa geschaffen, die ein attraktiver Wirtschaftsstandort unbedingt braucht.

Durch diese entscheidenden Weichenstellungen erreichte Westeuropa nach seinem Niedergang 1945 eine blühende wirtschaftliche Epoche. Gleichzeitig wurde es politisch zu einem Hort der Freiheit, des Friedens und der Rechtsstaatlichkeit. Von weit her kamen die Menschen, um sich hier anzusiedeln und Schutz zu suchen und zu finden vor Übergriffen in anderen Teilen der Welt. Während des kalten Krieges waren die europäischen Völker fest an der Seite der Vereinigten Staaten im westlichen Bündnis verankert und strahlten somit ihr freiheitliches System und ihren Wohlstand bis weit in die östlichen Regionen hinein. Für die unter dem Kommunismus leidenden Menschen Osteuropas wurde Westeuropa ein Symbol der Freiheit und des Wohlstandes, eine Bastion der Hoffnung und der Zukunftsträume. Nach dem katastrophalen Niedergang Europas in der ersten Hälfte des 20. Jahrhunderts – was hätte Westeuropa in der zweiten Hälfte dieses Jahrhunderts eigentlich besser machen sollen?

Nach der »Stillen Revolution« ist nun plötzlich alles anders geworden. Die politischen und wirtschaftlichen Hoffnungen werden heute nur noch bedingt an Westeuropa geknüpft, zu viele negative Erfahrungen sind seit der kurzen Zeit nach 1990 eingetreten. Diese neue Phase zeichnet sich nicht mehr durch ein ähnlich stabiles und homogenes Bild einer positiven Entwicklung aus. Zuviel läuft durcheinander. Die Wirtschaft befindet sich nicht nur in Deutschland, sondern in ganz Westeuropa nicht nur in einer konjunkturellen, sondern in einer tiefen strukturellen Krise. Über 16 Millionen Arbeitslose werden wohl bis Ende 1995 auf 20 Millionen ansteigen; hohe Produktionskosten reduzieren die Wettbewerbsfähigkeit der europäischen Industrie auf den Weltmärkten. Auf vielen Bereichen haben wir die technologische Führung verloren. Ganze Branchen sind mit ihren Spitzenprodukten nicht mehr in Europa beheimatet. Das komplizierte System unserer Bürokratie auf nationaler und auf europäischer Ebene sowie die Perfektion unserer sozialen Sicherungen verhindern eine schnelle Anpassung unserer Strukturen an neue weltpolitische Daten.

Wie konnte es zu einer solch dramatischen Veränderung kommen?
Schon seit über 20 Jahren befindet sich die Welt in einem gewaltigen wirtschaftlichen und gesellschaftlichen Strukturwandel. Was in Europa in den vergangenen 200 Jahren geschah, der Übergang von der Agrarwirtschaft und einem Feudal- und Ständestaat zum Industriezeitalter, wird nun im Eiltempo in anderen Kontinenten dieser Welt nachgeholt. Japan, das schon seit 100 Jahren diesen Anschluß an Europa und die USA erfolgreich praktiziert hat, wird in der zweiten Hälfte dieses Jahrhunderts unbestritten zur wirtschaftlichen Führungsmacht Asiens. Die früheren Entwicklungsländer Taiwan, Südkorea, Singapore, Malaysia und Hong Kong haben längst die Schwelle zur modernen Industrie- und Dienstleistungsgesellschaft überschritten. Diese Region wuchs zur dynamischsten Region der Welt heran, nunmehr erweitert durch die fast unbegrenzten Möglichkeiten menschlicher Ressourcen und Marktchancen im süd-chinesischen Raum. Während die USA schon sehr viel längere Zeit diesen Wandel bemerkte und eine intensive Kommunikation mit Japan und den anderen Ländern der ostasiatischen Region pflegte, hat Europa diese Entwicklung, simpel gesagt, einfach verschlafen.

Dabei hätte ein auch nur kurzes Studium der japanischen Geschichte dazu geführt, die Gefährlichkeit dieser Entwicklung rechtzeitig zu erkennen. Japan war schon immer ein Meister in der Assimilation von Fertigkeiten anderer Kulturen. Doch es blieb nie nur bei der Übernahme, beim Nachbau, bei der Imitation. Das ist nur die erste Phase. Die konsequente Weiterentwicklung, die systematische Fehlerbeseitigung, die einfallsreichen Erfindungen und die Hartnäckigkeit beim Aufspüren neuartiger Problemlösungen waren schon immer die Begabung und Stärke der japanischen Nation. So machte sich

Japan vor mehr als 1000 Jahren mit den chinesischen Kulturtechniken vertraut und hat diese auf den verschiedensten Gebieten zu neuen Höhepunkten geführt. Nach der demütigenden militärischen Niederlage im Zweiten Weltkrieg stürzten sich die Japaner mit der ganzen Diziplin, derer sie fähig sind, auf das Feld der Wirtschaft. Und so wurden sie bald zum herausragenden Wirtschafts- und Technologieführer im ostasiatischen Raum. In einer inzwischen weitgehend eingeführten liberalen Wirtschaftsordnung des freien Welthandels hatte diese Entwicklung natürlich unmittelbare Folgen auf andere Regionen und Kontinente der Welt. Zunächst wurden die umliegenden Länder von dem positiven Sog der japanischen Wirtschaft erfaßt. Die ganze Region strukturierte sich von einer Entwicklungsregion zu einer höchst leistungsfähigen Industrie- und Dienstleistungsregion um. Sie eroberte ihren festen Platz im Welthandel und ist bei weiterhin exorbitanten Zuwächsen immer noch dabei, ihre Position weiter auszubauen. Natürlich verleiht der gerade beginnende Wirtschaftsaufschwung auf dem asiatischen Kontinent in Südchina und Indochina eine zusätzliche Schubkraft. Es scheint so auszusehen, als ob diese Region für den Rest dieses Jahrhunderts oder vielleicht noch darüber hinaus die größte wirtschaftliche Wachstumsregion der Welt sein wird.

Wie konnte Europa diese Entwicklung übersehen?

Zunächst ist sicherlich die wichtigste Ursache, daß sich Europa durch seinen wirtschaftlichen Erfolg nach dem Krieg in seinem fast angeborenen Überlegenheitsgefühl wieder bestätigt sah. Es sonnte sich hingebungsvoll in seinem eigenen Erfolg. Das europazentrische Weltbild verstellte den Europäern die Einsicht, daß sowohl in Zeit wie Geographie durch einen fundamentalen Wandel und durch eine technologische Revolution die Maßstäbe dieser Welt gründlich verändert wurden. Solange es nur der Fleiß, die Arbeitswut, das technische Geschick und die sehr viel niedrigeren Lohnkosten der ostasiatischen Region waren, konnte dies den Europäern nicht ernsthaft gefährlich werden. Aber in dem Moment, wo Japan und später auch die anderen Länder dieser Region die europäischen und amerikanischen Produkte an Qualität, Zuverlässigkeit und vor allem durch Ingenieurleistungen und Innovationskraft überholten und sich somit in traditionellen Branchen der europäischen Wirtschaft an die Spitze setzten, änderte sich die Situation schlagartig. Die Japaner revolutionierten ihre Produktionsmethoden durch den Einsatz modernster Technologie: Mikroelektronik, Computersteuerung, Robotertechnik. Aber nicht nur dieser rein technische Aspekt war ausschlaggebend. Die Japaner entwickelten ein effizientes Kommunikations- und Informationssystem, nicht nur zwischen den einzelnen Partnern der Wirtschaft, um schlagkräftig gemeinsam Strategien durchzuführen, sondern vor allen Dingen auch in den einzelnen Betrieben selbst. Quality-circles, Besprechungen zwischen den Verfahrenstechnikern und den Leuten am Produktionsband, gemeinsamer Gedankenaustausch zwischen Konstrukteuren und Maschinenbedienern in der Produktionshalle, Einbindung der gesamten Unternehmenshierarchie in die strategische Ausrichtung des Managements, Installierung von Informationskreisläufen von unten nach oben wie von oben nach unten in einem sehr engen Takt, Beteiligung der entsprechenden Hierarchien bei der Erarbeitung der Managemententscheidungen, so daß diese dann mit großer Geschwindigkeit umgesetzt werden konnten, stellten der Welt ein Unternehmensmodell vor, welches in den meisten Fällen bisherige Modelle an Effizienz übertraf; im übrigen auch die Modelle der deutschen Mitbestimmung, die im Verhältnis zur japanischen Unternehmensstruktur mehr gesellschaftspolitisch, theoretisch und nur in den höchsten Etagen der Unternehmen zur Wirkung kamen. Durch die Mitbestimmung im Aufsichtsrat kam die Mitgestaltung am Arbeitsplatz fast nirgendwo in Gang. Diese Kombination von technischem Erfindungsgeist und systematischer, zielgerichteter Unternehmenskommunikation führte zu einer Explosion von Erfindungen, Patentanmeldungen und im Gefolge davon zu neuen Verfahrenstechniken und Produktgenerationen. Ehe Europa diese Offensive überhaupt bemerkte, waren die Japaner schon dabei, die Weltmärkte systematisch mit Spitzenprodukten erster Qualität und großer Preiswürdigkeit zu überschütten. Selbst da merkten viele europäische Unternehmer noch immer nicht, daß es sich hier nicht um eine Offensive von Billigprodukten handelte, sondern daß europäische Produkte technisch überholt worden waren. Vor allem waren die Japaner dabei, die Demütigung, daß sie keine Qualitätsware herstellen würden, gründlich ins Positive zu verkehren: Durch Anwendung ihres technischen Erfindungsgeistes, insbesondere durch neue mikroelektronische Möglichkeiten bei der Ausschußminimierung, sowie durch ihr Kommunikationssystem in den Betrieben, setzten sie weltweit völlig neue Maßstäbe. Mit den bisherigen traditionellen Methoden unserer Industrieproduktion war das Gleichziehen weder in Europa noch in Amerika zu bewerkstelligen. Es ist interessant, daß sich einige amerikanische und auch europäische Betriebe sogar der Kommunikationsmethoden japanischer Unternehmen befleißigten, um ähnliche Ergebnisse zu erzielen. Und sie waren erfolgreich. Besonders auch jene Unternehmen, in denen Japaner in den USA oder Europa das Management übernahmen. Aber generell gesehen, befand sich Europa, insbesondere Deutschland, auf einem merkwürdigen, gänzlich anderen Höhenflug: In einer Zeit, in der sich die Japaner anschickten, die Produktgenerationen von morgen zu entwickeln, und siegesbewußt die Weltmärkte eroberten, philosophierten wir über die »Grenzen des Wachstums«, über Sinn und Unsinn von neuen Erfindungen und moderner Technik, führten lange Diskussionen über die bevorstehenden Gefahren der Mikroelektronik als »Job-Killer« und über die Möglichkeit, unsere Zukunft durch »Blaupausen« zu verdienen. Wir waren also geistig überhaupt nicht darauf vorbereitet, daß wir es gar nicht mehr selbst in der Hand haben, den technischen Fortschritt in dieser Welt zu bestimmen, sondern daß dies bereits andere für uns besorgten. Das schlug sich auch in unseren bildungspolitschen Diskussionen nieder. Während die Japaner emsig an neuen Generationen moderner Chiptechnologien arbeiteten, vermittelten unsere Bildungspolitiker eher ein negatives und düsteres Bild über die technischen Möglichkeiten in der Zukunft. Da ging es eher um die Frage, ob wir durch die Schule eine Art Gesellschaftsrevolution durchführen könnten, ob wir uns weiter der Ausbildung von Eliten hingeben dürften, ob wir überhaupt ein gegliedertes Schulsystem haben sollten oder ob nicht alle in gleiche Qualitätsstufen gesteckt werden sollten. Eine ganze Schülergeneration wurde weniger mit den Grundlagen unseres Wissens vertraut gemacht, als mit dem Ziel erzogen, dialektisch diskutieren zu können und ihre »eigenen Interessen« in dieser Gesellschaft »durchzusetzen«. Daß wir ein Teil der Welt geworden sind, eine Region, deren Überleben, deren Wohlstand, deren geistige Spannkraft davon abhängt, ob wir im Wettbewerb mit anderen Regionen dieser Welt bestehen werden, war bei uns kein Thema. Die Jugend strömte en masse vom Abitur in die geisteswissenschaftlichen Fakultäten, um wenigstens einen kleinen Zipfel Weltverbesserung nach den Belehrungen in der Schule selbst mit durchsetzen zu können. Doch dann kam die große Ernüchterung: Die frischgebackenen Lehramtskandidaten, die nun von den Hochschulen wie-

der abgingen, konnten in solcher Zahl von den Schulen gar nicht aufgenommen werden; währendessen die Nachfrage unserer Industrie nach Ingenieuren und Technikern umgekehrt nicht befriedigt werden konnte. Dieses Ergebnis wurde teilweise nicht als Fehlleistung, sondern sogar als gewünschtes Ergebnis gefeiert, da unser Bildungssystem, um Gottes Willen, nicht nach Anforderungen der Wirtschaft gesteuert werden durfte. Daß auf diese Weise die Chancen einer ganzen Generation verspielt werden können, kam den damaligen ideologischen Wortführern nicht zum Bewußtsein. Ein großer Teil dieser Lehrer, die ihr Amt nicht antreten konnten und nun als Ende Zwanzigjährige arbeitslos waren, wurde in Sonderkursen der Industrie zu Programmierern, zu Fremdsprachenübersetzern und Marketingspezialisten umgeschult – wahrlich ein kostenträchtiger und zeitraubender Weg, um Fehlsteuerungen eines Bildungssystems zu korrigieren.
Die Stagnation Europas und insbesondere Deutschlands hatte so ihre klaren Ursachen: Wir führten völlig unzusammenhängend mit der Entwickung in der übrigen Welt eine eigene europäische, speziell deutsche Diskussion. Wir waren noch immer in dem Bewußtsein, daß das, was wir hier entscheiden, maßgeblich für alle sein wird, zumindest daß niemand in der Lage sein wird, unsere Entscheidungen irgendwo in Frage zu stellen. Die Welt hatte sich aber inzwischen verändert. Der liberale Welthandel, dem wir großenteils unseren eigenen wirtschaftlichen Wiederaufstieg zu verdanken haben, hatte die Chancen gerecht verteilt. Wer sich näher an den Problemen und ihrer Lösung bewegte, wer mit größerer Schnelligkeit reagierte und eine bessere Motivation hatte, der kam auf einen grünen Zweig, der hatte seine Chance. Den Amerikanern wurde dieses Erlebnis in seiner ganzen Kraßheit erspart. Erstens waren sie schon immer pragmatisch mehr jenen Problemen zugewandt, die wirklich anstanden, und zweitens hat-

ten sie als eine Nation, die an den Pazifik grenzt und die ihr Wissenschafts- und Technologiezentrum an der Westküste angesiedelt hatte, schon frühzeitig engsten Kontakt mit Japan auf diesem Gebiet. Silicon Valley war auch für japanische Erfinder ein wichtiges Erlebnis. Und der Gedankenaustausch amerikanischer Gelehrter und Manager mit ihren japanischen Kollegen hat manche schöpferische Entwicklung sowohl in Japan wie auch in Amerika in Gang gebracht. Das hat heute zur Folge, daß selbst ein Aufschwung in der Wirtschaft der Vereinigten Staaten noch keine unmittelbaren Rückwirkungen auf die europäische Wirtschaft hat. Die Verflechtungen Amerikas mit der ostasiatischen Region sind heute viel dichter als mit Europa. Insoweit ist Europa in doppelter Weise abgehängt.

In der Zwischenzeit sind wir nun mit einer Bauchlandung auf die Erkenntnis gestoßen, daß wir die Strukturveränderungen der Welt in Europa verschlafen haben. Das heißt nicht, daß alles zu spät ist, aber es bedeutet doppelte Anstrengungen, um verlorene Zeit wieder aufzuholen. Auch in Ostasien werden die Bäume nicht in den Himmel wachsen. Aber wir müssen darauf achten, daß wir nun endgültig unser europazentrisches Weltbild abstreifen und Realitäten und Tatsachen außerhalb Europas zur Kenntnis nehmen. Wir müssen begreifen, daß diese Faktoren für die Entwicklung Europas genauso bedeutend sind wie die Situation Europas für die übrige Welt. Wir dürfen unsere erfolgreiche Politik des europäischen Binnenmarktes nicht stagnieren lassen, sondern müssen die Hindernisse, die uns auf diesem Binnenmarkt bis heute begegnen, Schritt für Schritt abbauen. Hier scheint Europa auf dem richtigen Weg. Auch die Möglichkeiten, bestimmte strategische Ausrichtungen in den Schwerpunkten industrieller Zukunftsentwicklungen ist durch Entscheidungen der europäischen Gemeinschaft vom Ansatz her möglich. Es gibt Bereiche, die

vom Kapitalaufwand ohne Bündelung der Kräfte und die strategische Ausrichtung der umliegenden Felder gar nicht angepackt werden können. Das haben die Amerikaner längst begriffen, die Japaner praktizieren es mit großem Erfolg und wir müssen die philosophischen Diskussionen darüber bald abschließen und zu einer effizienten Methode nachprüfbarer Leistungen auch auf diesem Feld voranschreiten.
Dabei sollten wir weniger alte Wirtschaftsdogmen oder Theorien zum Gegenstand unserer Betrachtungen machen. Mir scheint, daß die beiden anderen Regionen der Weltwirtschaft, sowohl die Vereinigten Staaten als auch Japan, durch eine bessere Kommunikationskultur schneller und problemloser zu den notwendigen Entscheidungen kommen. Das mag mit den jahrhundertealten Belastungen europäischer Traditionen zusammenhängen. Schon Anfang dieses Jahrhunderts haben die Amerikaner in den ersten zwanzig Jahren dreimal soviel Telefonanschlüsse installiert, proportional zu der Bevölkerungsstärke, als die Europäer. Das war nicht eine Frage des technischen Know-hows oder der handwerklichen Fertigkeiten, sondern eine Frage gesellschaftlicher Akzeptanz, die mehr mit unserer Kultur und dem Bewußtsein zu tun hat als mit dem Stand der technischen Entwicklung. Sowohl in USA wie in Japan haben technische Erfindungen positive Assosiationen: Sie spiegeln das geistige Abenteuer, die Erfindungsgabe und die schöpferische Kraft wider, auf die man stolz ist und welche nach allgemeiner Auffassung die positiven Chancen der Menschheit vermehren. Die Überzeugung, daß neue Technologien jeweils die große Chance beinhalten, unsere Probleme besser lösen zu können, unsere Kosten zu minimieren, unseren Wohlstand zu mehren, wird grundsätzlich nicht bezweifelt. Wenn wir uns jedoch darüber Gedanken machen, dann steht eher im Vordergrund, zu welchen negativen Ergebnissen jede Technologie kommen *könnte*. Das führt am Ende

eher zu einer optimistischen oder pessimistischen Welteinstellung. Die optimistische Welteinstellung ist keineswegs davon geprägt, die Gefahren nicht zu sehen. Aber sie will erstmal nach dem System von *trial and error* feststellen, welche Mißbräuche denn nun wirklich auftreten und sich nicht zunächst über viele tausend theoretische Gefahrensmöglichkeiten auseinandersetzen, die in der Praxis wahrscheinlich nie auftreten werden. Zum anderen kommt der Optimismus hinzu, daß man dann auch in der Lage sein wird, wirklich auftretende Gefahren oder Mißstände unter laufendem Rad abzustellen. In beiden Fragen müssen wir insbesondere hier in Deutschland einen großen Sprung nach vorn machen, wenn wir nicht abgeschlagen bleiben wollen. Natürlich haben wir das Recht, unsere eigenen Auffassungen zu haben und Entscheidungen zu treffen, die wir für richtig halten. Nur müssen wir dann in Kauf nehmen, daß wir diesen Wettbewerb eben nicht mehr bestehen werden und müssen uns über die Konsequenzen einer schwindenden Wirtschaftskraft für unseren Wohlstand und unseren Lebensstandard im klaren sein. Auf diese Klarheit stößt man bei denjenigen, welche modernen technischen Entwicklungen zweifelnd gegenüber stehen, fast nirgends. Die zunehmende wirtschaftlich schwierige Situation vieler Schichten unserer Gesellschaft, die auftretenden sozialen Nöte, die Arbeitslosigkeit werden uns allerdings bald dazu zwingen, die Prioritäten unserer gesellschaftspolitischen Ambitionen neu zu ordnen. Wir werden dann nicht umhinkommen, unseren gesinnungsethischen Luxus durch verantwortungsethische Perspektiven zu ersetzen.

Diejenigen Entscheidungen, die sich bewährt haben, sollten wir auch unverändert fortführen. Dazu gehört der konsequente Weg zum gemeinsamen europäischen Markt und die Beseitigung all der Hindernisse, die noch immer durch Steuern, Abgaben und listenreiche Maßnahmen an der Grenze vorhanden sind. Weiter gehört dazu, daß wir unter keinen Umständen den Versuch unternehmen dürfen, unsere eigenen Probleme in Europa durch die Abschottung von der übrigen Welt zu lösen. Das wäre tatsächlich das Ende einer Epoche und damit das Abtreiben Europas in die Bedeutungslosigkeit innerhalb der künftigen Welt. Wenn wir deswegen jetzt unsere Aufgaben konsequent angehen, könnten wir für eine nächste Epoche der Weltgeschichte wieder ein innovativer Partner werden. Diese strukturellen Vorarbeiten werden uns noch bis ins nächste Jahrhundert begleiten. Denn das sind keine Hauruck-Entscheidungen, sondern Notwendigkeiten, die über einen gewissen Zeitraum abgepuffert werden müssen. Aber bereits in der zweiten Hälfte der neunziger Jahre haben wir die große Chance, durch die steigende Nachfrage der osteuropäischen Märkte und den damit immer weiter heranreifenden intensiven Austausch mit diesen Ländern eine völlig neue Phase unserer wirtschaftpolitischen Entwicklung zu erleben. Voraussetzung ist allerdings, daß wir die schmerzhaften Operationen in Westeuropa zügig vornehmen, und damit eine neue Dynamik der wirtschaftspolitischen Entwicklung Gesamteuropas zum Ende des 20. Jahrhunderts in die Wege leiten. Ich glaube zwar nicht daran, daß wir im 21. Jahrhundert einem neuen »europäischen Zeitalter« entgegengehen. Daß wir ein kräftiger Mitspieler werden können, der sich in dem nächsten Vierteljahrhundert entsprechend behauptet und für die gesamte Weltwirtschaft wieder neue Impulse ausstrahlen wird, liegt durchaus im Bereich der Möglichkeiten. Wir müssen diese Möglichkeiten nur rechtzeitig, beharrlich und entschlossen ergreifen.

Eine wichtige Voraussetzung dafür ist, daß wir die politische Entwicklung in Europa wieder in den Griff bekommen.

Die politische Zukunft Europas – eine echte Schicksalsfrage für uns

Der Weg der europäischen Einigung, beginnend von den Römischen Verträgen bis heute, ist eine Erfolgsstory. Man kann über Europa schimpfen, wie man will: Die politische Selbstbehauptung und den wirtschaftlichen Wohlstand hätten wir ohne diese Entscheidungen nicht bekommen. Aber auch hier hat die »Stille Revolution« eine Zäsur gesetzt. Waren wir noch bis vor kurzem der Meinung, daß sich Europa nur aus Westeuropa zusammensetzt, so ist die Lage nunmehr völlig anders. Die politischen Umwälzungen haben das ganze Europa wieder zum Vorschein gebracht. Westeuropa kann nicht losgelöst von dieser Entwicklung seine eigene Perfektion vorantreiben, ungeachtet der Frage, was denn dann aus Osteuropa werden solle. Auch hier ist die geistige Umsteuerung offensichtlich außerordentlich schwierig. Dem deutschen Denken ist es eigen, die heterogensten Gedankengänge unter einen Hut zu bringen und zu meinen, sie seien damit allesamt gelöst. Dies ist in der Geschichte aber nicht so. Wir müssen uns schon entscheiden, ob wir dieses Europa zu einem immer dichteren Bundesstaat entwickeln wollen oder nicht. Wenn wir dieses wollen, bleibt uns gar nichts anderes übrig, als ein Europa der zwei oder drei Geschwindigkeiten zu schaffen, welches dann auch den neuen Nationen Osteuropas möglichst schnell zum Eintritt zur Verfügung steht. Wollen wir jedoch nur ein lockeres Europa verschiedener, politisch nicht integrierter Nationen haben, dann ist die Integrationspolitik, wie sie insbesondere durch einen Vertrag wie Maastricht, herbeigeführt wird, zum Scheitern verurteilt.

Daß es sich hier um besonders schwere Entscheidungen handelt, ist schon aus der Geschichte Europas ersichtlich. So wie die geistigen Wurzeln Europas aus mehreren Quellen gespeist wurden, lebte das politische Europa stets aus einer Spannung zwischen Vielfalt und Einheit. Es gab zwar unverwechselbare Ausprägungen der Vielfalt – in den verschiedenen Volksstämmen, Regionen und Nationen – während die Ausprägung der Einheit Europas immer sehr viel wechselnder, formloser und weniger konkret war. Die Vielfalt der Völker war, wie immer die Grenzen und die Formen im Laufe der Geschichte auch wechselten, auch immer politische Realität; die Einheit war es meistens nicht, sie war immer Ziel, Idee – oder Utopie. Das Römische Reich, vor allem aber das Heilige Römische Reich deutscher Nation lebte stets mehr aus seiner Vorstellung, aus seinem Anspruch heraus, und weniger aus der Realisierung. Die Realisierung der Einheit Europas war politisch nie gelungen und institutionell immer nur schwach und gebrechlich ausgeprägt. Gerade diese Unkonkretheit der politischen Macht des Kaisertums bewahrte den lebendigen Rahmen der europäischen Geschichte, in dem europäischer Geist, europäische Kultur, europäische Wissenschaft blühen konnte, ohne an konkreten Institutionen, sei es nun die verfaßte Bürgerschaft einer Stadt, der Fürst einer Region oder der Staat einer europäischen Nation anzuecken oder zu zerbrechen. Gerade diese Balance machte den Reiz der europäischen Kultur und der Vielfalt ihrer Geschichte aus. Ganz anders kam es, wenn jemand die Idee verfolgte, aus Europa einen konkreten Staat zu machen, sei es aus Eroberungslust oder zur höheren Ehre einer Nation (Napoleon bzw. Preußen), sei es aus Machtbesessenheit und Wahn (das »Dritte Reich« von Hitler). Diese Ziele entsprachen weder dem europäischen Geist noch der Entwicklung der Errungenschaften, die gerade durch die europäische Geschichte für die ganze Menschheit erreicht wurden. Deswegen blieben sie auch immer Episode der Geschichte, wenn es auch jeweils immer schwerer Kämpfe und Erschütterungen bedurfte, bis diese falsche Zielsetzung wieder abgestreift war.

Jetzt unternimmt es Europa, diese Einheit nicht durch einen Staatsstreich, durch Eroberungen oder eine Wahnidee vorzunehmen, sondern durch den demokratischen Prozeß der Konsensherstellung seiner vielfältigen Kräfte. Aber so einen Prozeß darf man auch nicht überfordern, sonst wird man die ganze Richtung zerstören. Nach allem, wie sich die Entwicklung abzeichnet, scheint es darauf hinauszulaufen, daß die weitere Integration auf einen Kernbereich europäischer Nationen beschränkt wird. Und auch selbst in diesem Kernbereich darf das Eigenleben der Nationen nicht über Gebühr eingeengt werden – sonst wird auch der Kernbereich Europas scheitern. Sodann gibt es einen zweiten Bereich, der insbesondere durch die wirtschaftliche Integration gekennzeichnet ist, der aber die politische Integration weder in der Tiefe noch in der Zeit in gleichem Ausmaß vollzieht.
Und es wird noch eine dritte Kategorie geben müssen, nämlich für jene Länder, die unter keinen Umständen in den nächsten Jahren wirtschaftlich und entwicklungsmäßig in der Lage sind, volles Mitglied zu werden, auf der anderen Seite aber gerade aus Gründen der europäischen Politik und der europäischen Sicherheit in die Europäische Gemeinschaft aufgenommen werden müssen. Hierzu zählen insbesondere die Randstaaten Osteuropas. Hier haben wir nämlich keine Zeit zu verlieren. Auch hier haben wir, wie bei der deutschen Wiedervereinigung, nur für einen gewissen Zeitraum das Fenster der Weltgeschichte geöffnet. Wenn wir diesen Zeitraum verpassen, können Umwälzungen eintreten, die die Vorstellung eines erweiterten Europas schnell beenden werden. Diese Überlegung gilt auch für die Atlantische Partnerschaft. Auch hier wartet die Weltgeschichte nicht grenzenlos. Wenn wir nicht

bald diesen Nationen Osteuropas eine Garantie der Sicherheit anbieten können, werden wir nicht nur Osteuropa als eine zunehmend destabilisierte Region erleben, sondern wir werden auch in Westeuropa entsprechende destabilisierende Rückwirkungen erleben. Die Katastrophe auf dem Balkan könnte wenigstens dazu führen, daß diese Erkenntnis in Europa schneller wächst.

Aus diesem Grunde haben die verschiedenen Kategorien der Europäischen Gemeinschaft auch verschiedene Bedeutungen. Der Kernbereich, die erste Kategorie, hat eine eminent politische und zukunftsorientierte Aufgabe. Hier müssen jene Nationen auch zu einer politischen Integration finden, welche es noch nicht aufgegeben haben, neben der Wirtschaftspolitik zur notwendigen politischen Willensbildung auch in bestimmten Bereichen der Außenpolitik, der Sicherheitspolitik und der Innenpolitik zu kommen. Aber auch hier wird man weder einen Bundesstaat noch eine einheitliche Regierung schaffen dürfen. Vielmehr wird ein Mechanismus geschaffen werden müssen, der in zeitlich schneller Abfolge politische Willensbildung ermöglicht. Die Vielfalt unserer Sprachen und Kulturen, auch unserer politischen Auffassungen, darf dadurch nicht beseitigt werden. So wie wir in der Demokratie ein Verfahren gefunden haben, wie Mehrheiten mit Minderheiten umgehen – und dabei gewisse Minderheitsrechte unantastbar sind – so müssen wir auch für diese Kerngemeinschaft Europas eine entsprechend neue Verfassung im politischen Bereich finden, welche das Atmen der Vielfalt ermöglicht und die Willensbildung des Kernbereiches dennoch gestattet.
Die zweite Kategorie werden jene Länder sein, die in einem engen Austausch der politischen Willensbildung mit uns verbunden sind. Wirtschaftlich dürfte es nicht allzu viele Unterschiede zur ersten Kategorie geben. Insofern ist der Weg von

Maastricht, trotz viel berechtigter Kritik, in der Summe richtig. Die Frage, wann ein Land von dieser zweiten in die erste Kategorie hinüberwechseln will, sollte immer eine offene Frage für jedes Land bleiben. Dies schon deshalb, weil es gewisse Kriterien geben muß, um in den Kernbereich zu gelangen, zum anderen aber auch weil man ein *konstruktiver Partner* in der Kernmannschaft sein *muß*, da sonst die Kerngemeinschaft Europas nicht funktionieren kann. Manches Land wird einen solchen Weg nicht gehen. Das ist auch kein Schaden, solange wir durch andere Bindungen eng beieinanderbleiben, uns eng konsultieren, der europäische Binnenmarkt funktioniert und wir uns in entscheidenden Fragen immer wieder ad hoc zusammenfinden.

Die dritte Kategorie ist auf Grund der Zeitachse geboten. Hier muß bald eine Assoziierung noch eher im politischen als im wirtschaftlichen Bereich stattfinden. Die wirtschaftliche Integration muß entsprechend den Fortschritten der Wirtschaft vorgenommen werden, der politische Bereich aber auf Grund der Erfordernisse der Schnelligkeit der Weltgeschichte. Es besteht die große Gefahr, daß auf Grund des Wartens des einen Sektors auf den anderen das Zeitfenster der Weltgeschichte verpaßt wird. Aus dem Grunde darf die Aufnahme der Länder Osteuropas nicht ein Lippenbekenntnis bleiben. Auch im Sinne einer schnellen wirtschaftlichen Eingliederung mit den dynamischen Möglichkeiten auch unterschiedlicher Strukturen ist dies ein Gebot der Stunde.

So kann es durchaus geschehen, daß ein Land oder mehrere Länder der dritten Kategorie am Ende dieses Jahrhunderts oder wahrscheinlich eher am Anfang des nächsten Jahrhunderts zum Kernbereich vorstoßen, währenddessen andere Länder Westeuropas in der zweiten Kategorie verbleiben. Es wird Zeit, daß wir die Möglichkeiten für die einzelnen europäischen Länder so ausgestalten, daß sie ihr eigenes Interesse, ihre eigene Sicherheit und auch ihren Beitrag für Gesamt-Europa konstruktiv entwickeln und näher definieren können. Auch hier müssen sehr bald die Tabus in den Überlegungen der westeuropäischen Nationen beseitigt werden. Durch die Schaffung einer solchen Vielfalt wird man auch der Geschichte Europas sehr viel mehr gerecht als die im Moment eindimensionale Zielsetzung der Europäischen Gemeinschaft. Nur bedarf eine solche vielfältige Struktur einer harten Arbeit sowohl in rechtlicher wie auch in politischer Hinsicht. Es wird Zeit, daß sich Europa vom eindimensionalen Denken verabschiedet, seine eigene Geschichte wieder entdeckt und damit in eine neue Phase kreativer Ausprägungen eintritt, wie dieses eigentlich auch in früheren Jahrhunderten das Markenzeichen Europas war.

Wenn wir diese Frage nicht schnell anpacken, und damit auch die Frage unserer eigenen europäischen Sicherheit konkret ins Visier nehmen, gibt es eine schreckliche Alternative. Wir brauchen diese Alternative nicht weiter auszumalen. Das Ergebnis der Möglichkeiten anarchischer Entwicklungen steht uns im früheren Jugoslawien und anderen Regionen des Ostens deutlich vor Augen. Wir werden Westeuropa vor entsprechenden Auswirkungen solcher Anarchie nicht schützen können. Im Gegenteil, sie werden dann zu einem Problem der europäischen Binnenpolitik. Es wird Zeit, daß Europa seine Visionen für das 21. Jahrhundert geschichtsbewußt, realitätsgerecht und seinen konkreten Möglichkeiten entsprechend ausformuliert. Die Menschen warten darauf. Das Ableiern bisheriger europäischer Floskeln ruft bereits überall Ermüdung hervor. Die Menschen scheinen sehr genau zu spüren, daß der bisherige Europa-Gedanke nicht weiter tragen wird, daß seit der »Stillen Revolution« und der Befreiung Europas eine neue Phase der europäischen Geschichte begonnen hat, welche neue Antworten erforderlich macht. Sie erwarten einen schöpferischen Akt der Politik des ausgehenden 20. Jahrhunderts, um überzeugend das 21. Jahrhundert bewältigen zu können. Die Staatsmänner nach dem Zweiten Weltkrieg haben es uns vorgezeichnet, wie ein solcher schöpferischer Akt innerhalb von 10 Jahren zum Fundament einer zukunftsträchtigen Politik gemacht werden kann. Auf unsere Zeit bezogen sagte Mario Vargas Llosa auf einer Tagung unter dem Motto »Nachdenken über Europa« in Frankfurt/Oder am 11. April 1992 sehr hellsichtig: »Darin liegt, so glaube ich, die Herausforderung der nächsten Jahre für Europa und für den Okzident. Wird er fähig sein, angesichts der ihm durch die Ereignisse erwachsenen Probleme jenen Geist der Kreativität, des Abenteuers, des Idealismus, der Hochherzigkeit wiederzubeleben, aus dem die Demokratie geboren ist? Darauf läßt sich schwer eine Antwort geben. Falls die Antwort verneinend ausfiele, würden jene entwickelten Länder des Okzidents wahrscheinlich die Führungsrolle, den Platz als Avantgarde, die sie heute bilden, verlieren, und andere Länder würden an ihre Stelle treten. Aber die Antwort kann auch ja lauten, und dann besteht kein Zweifel, daß Europa in der Lage sein wird, effektive und rasche Antworten zu finden für die ökonomischen, sozialen und kulturellen Probleme, die jene neue Welt aufwirft, der wir uns, fünfhundert Jahre nach der Entdeckung der anderen Neuen Welt, gegenübersehen.«

Schlußbetrachtung

Wenn uns der Mut fehlt, jene Risiken auf uns zu nehmen, die immer damit verbunden sind, das Notwendige rechtzeitig zu tun – auch wenn dies nicht alle gleichzeitig erkennen – werden wir ungleich größere Opfer zu bringen haben, wie uns die Geschichte immer wieder lehrt. Wenn die politischen Führer in einer solchen Geschichtssituation diese Erkenntnis nicht Tag und Nacht vor Augen haben und danach handeln, wird es zu jenen leidvollen Konsequenzen kommen, die wir im 20. Jahrhundert schon genug erfahren haben. Sind sie schon wieder vergessen? Noch ist alles offen, wie die Geschichte des 21. Jahrhunderts verlaufen wird. Sie wird weder als unabwendbares Schicksal über uns und unsere Kinder hereinbrechen, noch ein Spiel des Zufalls sein. Wir haben es selber in der Hand:

- Wird Recht oder Gewalt die Staaten beherrschen?
- Wird die Idee der Freiheit und Demokratie sich weltweit durchsetzen oder werden neue totalitäre Ideologien die Triebfeder politischen Handelns sein?
- Wird die Idee der Freiheit und Demokratie in den entwickelten Ländern erhalten bleiben oder wird der Wunsch nach immer mehr öffentlicher Wohlfahrt und Sicherheit die Selbstverantwortung der Bürger aushöhlen und staatliche Bevormundung immer zwingender machen?
- Werden die moralischen Grundsätze der Völkergemeinschaft und die Regeln des Völkerrechts oder Macht und Herrschaftsansprüche einzelner Nationen, einzelner Regionen oder einzelner gesellschaftlicher Gruppen das Zusammenleben der Menschen prägen?
- Werden soziale Lösungen oder das Recht des Stärkeren die Gesellschaft bestimmen?

- Werden die Völker der Bewahrung der Schöpfung die notwendige Aufmerksamkeit schenken oder wird der ungebremste Raubbau an den Schätzen der Natur unseren Erdball in globale Katastrophen stürzen?
- Werden die reichen und die armen Nationen zu einer fruchtbringenden Zusammenarbeit finden oder wird sich ein rücksichtsloser Überlebenskampf unter den Völkern ausbreiten?
- Werden Völker und Regionen das Lokalinteresse und die notwendige Verantwortung für den ganzen Globus und alle Menschen als notwendige Einheit begreifen oder werden lokal/regionale Ziele rücksichtslos gegen das Allgemeininteresse verfolgt?
- Werden die »reichen« Demokratien ihre produktiven Antriebskräfte revitalisieren oder werden sie durch immer größere Bürokratien und Umverteilungssysteme des Staates die Marktwirtschaft aushöhlen und damit in quasi feudale ökonomische Strukturen zurückfallen?

Die Beantwortung dieser Fragen wird die Geschichte des 21. Jahrhunderts bestimmen. Die Zeit drängt. Schon jetzt, kurz nach der »Stillen Revolution«, werden wichtigste Weichen falsch gestellt, die, wenn die Fahrt weiter in die falsche Richtung geht, zu einer riesigen Belastung für das 21. Jahrhundert werden – als hätten wir nicht noch genug mit den schlimmen Folgen falscher Weichenstellungen für das 20. Jahrhundert zu tun! Die neue, nicht mehr umkehrbare und gegenüber allen früheren Zeiten unvergleichliche Situation ist dadurch geprägt, daß jeder Fehltritt in einer Region, in einem Land, in einem Kontinent, sofort unmittelbare Auswirkungen auf die übrigen Länder hat und durch die Dichte der Kommunikation zu einer Vervielfachung des Desasters führen wird. Die kommunikative Internationalität, die globale Interdependenz ist im 20. Jahrhundert eine Tatsache geworden, die von den meisten Politikern dieser Welt bis heute bei ihren Entscheidungsfindungen nicht ausreichend berücksichtigt wird. Um so mehr bedarf es der Bewußtwerdung dieser weltweiten Verantwortung, die wir gemeinsam mit den anderen Demokratien dieser Welt zu übernehmen haben, wenn wir nicht geradewegs in eine Menschheitskatastrophe marschieren wollen. So wird das 21. Jahrhundert eine Weichenstellung für die ganze Menschheit und ihr künftiges Schicksal bedeuten. Angesichts dieser Herausforderung wächst der heute und morgen aktiven Generation überall auf der Welt eine Verantwortung zu, deren Dimension einem schon Furcht einjagen kann.

Wir können die Größenordnung dieser Herausforderung und die absolute Notwendigkeit der Bewältigung dieser Aufgabe durchaus erkennen. Aber werden die Kräfte der Vernunft ausreichen, um die notwendigen moralischen Energien und Antriebskräfte der Menschen freizusetzen, die in großer Zahl erforderlich sind, um die Aufgabe zu bewältigen? Aus der Vernunft allein scheint der menschlichen Natur nicht die Kraft zuzuwachsen, um sich mit aller Macht gegen das Böse zu stemmen und sich mit aller Konsequenz den oben beschriebenen Aufgaben zu widmen. Trotz zunehmender Erkenntnis unseres Verstandes, trotz der mahnenden Einsichten unserer Vernunft waren wir im 20. Jahrhundert nicht dagegen gefeit, – und diese Erfahrung müssen wir auch heute wieder machen – in schlimmste Barbarei zurückzufallen. Meine persönliche Überzeugung ist es, daß diese moralischen Quellen und Antriebskräfte des Menschen, die zur Bewältigung der vor uns stehenden Herkules-Aufgaben erforderlich sind, für die Mehrzahl der Menschen ohne ein religiös geprägtes Menschenbild nicht ausreichend sprudeln werden. Das bedeutet für uns in der Konsequenz der Geschichte eine echte Revitalisierung der christlichen Botschaft. Es bedeutet aber gleichzeitig eine absolute Toleranz gegenüber anderen Botschaften, welche in gleicher Weise die moralischen Quellen und Antriebskräfte des Menschen mobilisieren – in gleicher Richtung, für die gleichen Ziele. Auch hier gibt es keine »absoluten« Botschaften, welche alle anderen religiösen Botschaften ausschließen. Auch hier kann der Mensch nur Teilwahrheiten erschließen, die ihm durch Geschichte, durch Schicksal und eigenes Erkenntnisvermögen eröffnet werden. Wo immer die eigene Lebensgestaltung aus diesen Kräften gespeist wird, erwächst Glaube, Hoffnung und Liebe, ohne die unser Menschenbild keinen Bestand haben würde. Deswegen gehört zur Universalität dieser Botschaften als immanenter Bestandteil ein Stück Hingabe und Demut, die sich unmittelbar aus dem Glauben an eine höhere Instanz, die über dem Menschen steht, ableitet. Offensichtlich kann uns nur ein solcher Glaube davor bewahren, uns selbst an die Stelle Gottes zu setzen. Dieses war schon immer der sichere Weg ins Unheil, ins Chaos und nicht selten in die Hölle auf Erden.

Wir müssen innehalten, unsere Gedanken, unser Wissen sammeln, die neuen Landschaften erkunden, unsere Kräfte messen, unser Marschgepäck neu zusammenstellen und uns mit neu geeichtem Kompaß und frisch vermessenen Landkarten auf die große Reise begeben. Nicht mit Besserwisserei, mit dem Anspruch, alles schon zu wissen, sondern mit konstruktiven Qualitäten: mit Neugier, Vorurteilslosigkeit, mit dem Gepäck unserer Erfahrungen aus früheren Erlebnissen und unserer Geschichte, insbesondere des 20. Jahrhunderts, mit unseren Ideen, Phantasien und Kenntnissen – immer bereit, sie dem Test der Wirklichkeit zu unterziehen. Dazu gehört die unerschütterliche Hoffnung, daß wir durch unsere Bemühungen und Anstrengungen die Hindernisse, die uns stets und überall belauern, überwinden werden. Und es gehört dazu ein fester Glaube, ich sage Gottesglaube, daß diese anstrengende Reise Sinn macht und ihre guten Früchte tragen wird. Ohne einen solchen »realistischen Optimismus« werden wir schon am Anfang des 21. Jahrhunderts unsere Aufgaben verfehlen. Wir wollen zwar keine neuen Utopien – aber Visionen und Ziele brauchen wir schon, wenn wir uns um diese dritte Jahrtausendwende nicht selbst aufgeben wollen!

Literaturverzeichnis

BAADER, R., Kreide für den Wolf – Die tödliche Illusion vom besiegten Sozialismus. Anita Tykve Verlag, Böblingen, 1991

BORCHERT, J., Renten vor dem Absturz – Ist der Sozialstaat am Ende? Fischer Taschenbuch Verlag GmbH, Frankfurt am Main, 1993

BUBER, M., Das Dialogische Prinzip. Verlag Lambert Schneider, Gerlingen, 1962

DITFURTH, H. von, Wir sind nicht nur von dieser Welt – Naturwissenschaft, Religion und die Zukunft des Menschen. Hoffmann und Campe Verlag, Hamburg, 1981

EGGERT, H., Drei Männer im Feuerofen, Artikel aus »Die Welt« vom 19.12.1992

ELEGANT, R., Zukunft Fernost – Das asiatische Jahrhundert hat schon begonnen. Wilhelm Heyne Verlag GmbH & Co. KG, München, 1991

ENGDAHL, W. F., Mit der Ölwaffe zur Weltmacht – Der Weg zur neuen Weltordnung. Dr. Böttiger Verlags-GmbH, Wiesbaden, 1992

ENGELS, F. und MARX, K. Manifest der Kommunistischen Partei. Dietz Verlag, Berlin, 1958

EVERS, H., Versäumen unsere Schulen die Zukunft? Econ Verlag GmbH, Düsseldorf, 1971

FEST, J., Der zerstörte Traum – Vom Ende des utopischen Zeitalters. Siedler Verlag GmbH, Berlin, 1991

FETSCHER, I., Marxismus, Piper & Co Verlag, München, Zürich, 1971

FOERSTER, R. H., Europa – Geschichte einer politischen Idee. Nymphenburger Verlagshandlung GmbH, München, 1967

FUKUYAMA, F., Das Ende der Geschichte. Kindler Verlag GmbH, München, 1992

HALL, P. C., epd/Kirche und Rundfunk, Nr. 26 vom 26. April 1976

HANS-SEIDEL-STIFTUNG, Wertewandel in Staat und Gesellschaft, Band 34, 1986

HAVEL, V., Friedenspreis des Deutschen Buchhandels 1989. Verlag der Buchhändler-Vereinigung GmbH, Frankfurt am Main, 1989

HOFER, W., Geschichte zwischen Philosophie und Politik. W. Kohlhammer Verlag, Stuttgart, 1956

JONAS, H., Das Prinzip Verantwortung. Suhrkamp, Frankfurt am Main, 1985

– Philosophische Untersuchungen und metaphysische Vermutungen. Insel Verlag, Frankfurt am Main, 1992

KENNEDY, P., In Vorbereitung auf das 21. Jahrhundert. S. Fischer Verlag GmbH, Frankfurt am Main, 1993

KEPEL, G., Die Rache Gottes – Radikale Moslems, Christen und Juden auf dem Vormarsch. R. Piper & Co. Verlag, München, 1991

KEPPLINGER, H. M., Massenkommunikation. B. G. Teuber, Stuttgart, 1982

KLAGES, H., Häutungen der Demokratie. Verlag A. Fromm, Osnabrück, 1993

KOHL, H., Reden und Beiträge des Bundesvorsitzenden. Deutsche Verlags-Anstalt GmbH, Stuttgart, 1993

KOJEVE, A., Hegel – Eine Vergegenwärtigung seines Denkens. Suhrkamp Verlag, Frankfurt am Main, 1988

KREUZER, F. und POPPER K., Offene Gesellschaft – Offenes Universum. R. Piper GmbH & Co. KG, München, 1992

MANNHEIM, K., Ideologie und Utopie. Verlag G. Schulte-Bulmke, Frankfurt am Main, 1969

MARX, K., Das Kapital und Das Kommunistische Manifest
MORUS, T., Der Staat als Utopie, zweiter Band Utopia. Pegasus-Verlag, Zürich, 1945
MÜLLER-ARMACK, A., Religion und Wirtschaft. Verlag Paul Haupt, Bern und Stuttgart, 1981
NOELLE-NEUMANN, E., Öffentlichkeit als Bedrohung – Beiträge zur empirischen Kommunikationsforschung. Verlag Karl Alber, Freiburg/München, 1977
POPPER, K., Die offene Gesellschaft und ihre Feinde, Band 1 und 2. Francke Verlag, Bern/München, 1958
POSTMANN, N., Das Technopol – Die Macht der Technologien und die Entmündigung der Gesellschaft, S. Fischer Verlag, Frankfurt am Main, 1992
– Wir amüsieren uns zu Tode. S. Fischer Verlag, Frankfurt am Main, 1985
PUNTSCH, E., Politik und Menschenwürde – Der liberale Weg. Verlag Bonn Aktuell GmbH, Stuttgart, 1986
RANKE, L. von, Geschichte und Politik. Alfred Kröner Verlag, Stuttgart, 1940
RIEDL, R., Biologie der Erkenntnis – Die stammesgeschichtlichen Grundlagen der Vernunft. Deutscher Taschenbuch Verlag, München, 1988
– Evolution und Erkenntnis. R. Piper & Co. Verlag, München, Zürich, 1982
SCHAUER, H., Europa der Vernunft – Kritische Anmerkungen nach Maastricht. Bonn Aktuell im Verlag Moderne Industrie, München/Landsberg am Lech, 1993
SCHWAN, A., Ethos der Demokratie. Ferdinand Schöningh, Paderborn, 1992
SCHWARZ-SCHILLING, C., Grenzenlose Kommunikation – Bilanz und Perspektiven der Medienpolitik. Inst. für Medienentwicklung und Kommunikation, Frankfurt am Main, 1993
– Langfristig sichere Rente – Ein Weg zur Erfüllung des Generationen-Vertrages. Economica Verlag GmbH, Bonn, 1988
– Die Rentenreform – die verantwortungsvollste Aufgabe unserer Generation; Anpassungsmaßnahmen und strukturelle Neuansätze. Mittelstands-Verlag, Bonn, 1987
– Ost- und Zentralasien, IRO-Völkerkunde, 1962
SEITZ, K., Die japanisch-amerikanische Herausforderung: Deutschlands Hochtechnologie-Industrien kämpfen ums Überleben. Verlag Bonn Aktuell GmbH, München, 1990
SOMMER, T., Eine Reise ins andere Deutschland. Rowohlt Verlag, Reinbek, 1986
STADTMÜLLER, G., Grundfragen der europäischen Geschichte. R. Oldenbourg, München/Wien, 1965
STOLTE, D., Fernsehen am Wendepunkt. Bertelsmann Verlag GmbH, München, 1992
TIBI, B., Für Muslime eine »byzantinische Diskussion« in der Frankfurter Allgemeinen Zeitung vom 20. April 1993
– Die Verschwörung – Das Trauma arabischer Politik. Hoffmann und Campe Verlag, Hamburg, 1993
VARGAS LLOSA, M., u.a., Nachdenken über Europa. Verlag Volk & Welt, Berlin, 1992
VOGELMANN, B., Der neue Realismus – Die Konsequenz des Neuen Denkens. Baier Verlag, Crailsheim, 1988
WAGNER, F., Geschichtswissenschaften. Verlag Karl Alber, Freiburg/München, 1951
WALTER-RAYMOND-STIFTUNG, Die modernen Medien und die Zukunft der Gesellschaft, Band 29. Wirtschaftsverlag Bachem, Köln, 1990
ZÜLCH, T., Ethnische Säuberung – Völkermord in Groß-Serbien. Luchterhand Verlag, Hamburg, 1993

Personenregister